DUETTMANN

ALEXANDER GARCÍA DÜTTMANN

Was Liebe heißt in allen Sprachen und Stummheiten dieser Welt

NIETZSCHE
GENEALOGIE
KONTINGENZ

BOER

»Was Liebe heißt in allen Sprachen und Stummheiten dieser Welt« wurde für eine Ausgabe der nordamerikanischen Zeitschrift *American Imago* geschrieben (*American Imago*, volume 50, No. 3, Thomas Keenan, special editor; The Johns Hopkins University 1993).

Unveränderter Neudruck der Ausgabe © 1996
Satz und Druck: Boer Verlagsservice, Grafrath
ISBN 978-3-924963-70-5
www.boerverlag.de

INHALT

»Y el engaño es, por otra parte, ilusorio, pues aquello que se ha amado, lo que en verdad se amaba, cuando se amaba, es verdad. Es la verdad, aunque no esté enteramente realizada y a salvo.«

»Die Täuschung ist andererseits selber ein Täuschendes. Jenes nämlich, was man geliebt hat, was man wahrhaftig liebte, war, als man es liebte, wahr. Es war, es ist wahr, es ist die Wahrheit, mag sie auch nicht gänzlich verwirklicht und geborgen sein.«

María Zambrano

»Ich liebe Dich«

Ich liebe Dich. Kaum ein Satz ist so sehr ein gemeiner, gewöhnlicher, mitteilender Satz, kaum einer setzt sich dem Mißverständnis, dem Abbruch der Mitteilung und dem Einbruch des Ungewöhnlichen so sehr aus. Es ist, als würde die Dialektik des Gemeinen darin bestehen, daß es um so ungewöhnlicher und fremder wird, je mehr es sich selber gleicht. Gerade seine Gemeinheit läßt den Satz als Versicherung erscheinen: so, als müßte man sich der Liebe versichern durch den gemeinsten, verständlichsten, sichersten aller Sätze. »Ich liebe Dich« gerät, kaum ausgesprochen, in eine gefährliche Nähe zu seinem eigenen Gegenteil. Der Satz schafft den Abstand der Verunsicherung, durch den sich das Gemeine und Allgemeinverständliche dem Besonderen und Ungesicherten, der Kontingenz aussetzt. Ist der Umstand, daß man die Liebe (sprachlich) zum Ausdruck bringen muß, nicht bereits das Anzeichen für einen Mangel? Soll die Sprache nicht die fehlende oder schwache Liebe ergänzen, ersetzen, erfinden, soll sie nicht über die Schwäche und das Fehlen hinwegtäuschen? Die Sprache selber, nicht erst der Satz »Ich liebe Dich« ist aus solcher Sicht das Gemeine, das den Verdacht weckt. »Ich liebe Dich« ist ein Satz, der Abwehr und Abkehr zeitigen kann. »Warum sagst Du das? Ist Liebe nicht einfach eine Illusion?« Aufgrund seiner Nichtidentität, seiner Ungleichheit mit sich selber, haftet die Idiosynkrasie an ihm. Umgekehrt könnte man aber auch behaupten, daß es gerade des Gemeinen, daß es der Sprache und des Satzes »Ich liebe Dich« bedarf, um die Liebe vor der Verwechslung mit einem anderen Gefühl oder vor der Gefahr des Zweifelns zu bewahren. Man könnte sogar vorbringen, daß die Abschirmung der Liebe gegen die Gemeinheit der Sprache, ihre Erhöhung und Erhebung über alles Gemeine, das Mißtrauen gegen sie eher noch verstärkt: deshalb muß man »Ich liebe Dich« sagen. Wenn nun die beiden unvereinbaren Möglichkeiten, den Satz »Ich liebe Dich« zu verstehen oder mißzuverstehen, sich nicht auf eine dritte Möglichkeit zurückführen lassen (für die Idiosynkrasie ist durch diese Schwierigkeit gerade Raum geschaffen), legt ihre prinzipielle und stets wieder vom Widerspruch ins Ungleichgewicht gebrachte Gleichwertigkeit die Vermutung nahe, daß die Gemeinheit der Sprache, die in dem Satz »Ich liebe Dich« besonders deutlich wird, ein Seltenwerden, eine Vereinzelung, eine Vereinsamung bewirkt, welche die Liebe immer schon dem Aus- oder Unfall, der Kontingenz überantwortet. Es ist unmöglich, von Liebe zu sprechen, ohne diese Kontingenz zu berücksichtigen. Es gibt keine Liebe jenseits der Kontingenz.

Sprachliche (All)Gemeinheit

Nietzsche hat in *Jenseits von Gut und Böse* den Versuch einer sprachtheoretisch ausgerichteten Genealogie der »Gemeinheit« unternommen. Er knüpft dabei an Überlegungen aus seinem frühen Aufsatz über »Wahrheit und Lüge im außermoralischen Sinne« an. Ursprung und Genese der »Gemeinheit« sollen von der Entwicklung der Sprache unabtrennbar sein. In dem frühen Aufsatz macht eine physiologische Grundlegung der Sprache deren Entstehen von der Verwandlung eines Nervenreizes in ein Bild abhängig, das sich dann wiederum in einen Begriff auflöst.

In dem »Vorspiel einer Philosophie der Zukunft« heißt es, Begriffe seien »mehr oder weniger bestimmte Bildzeichen für oft wiederkehrende und zusammenkommende Empfindungen, für Empfindungs-Gruppen« (*N*, II 740)[1]. Entscheidend ist in beiden Fällen, daß die begriffliche Sprache dem Nervenreiz oder der Empfindung, auf die sie letztlich zurückgeht, die Wiedererkennbarkeit verleiht, durch die sie verfügbar werden. Während aber Nietzsche in »Über Wahrheit und Lüge« das Flüchtige der »anschaulichen Welt der ersten Eindrücke« betont, dem die begriffliche Welt »das Festere, Allgemeinere, Bekanntere« entgegensetzt (*N*, III 315), steht nicht dieser Aspekt des Vergänglichen und Ephemeren im Vordergrund des fraglichen Abschnitts aus *Jenseits von Gut und Böse*, sondern die Regelmäßigkeit, mit der die Empfindungen selber wiederkehren. Erst ihre Wiederholung, ihr wiederholtes Auftreten und Zusammenkommen, ihre wiederkehrende Gruppenbildung ermöglicht die begriffliche Identifizierung, die dann das Gemeine als solches – als ein in seiner Wiedererkennbarkeit Verfügbares hervorbringt. Die Sprache ist also beides: das Ergebnis der häufigen Wiederkehr von Erlebnissen und das Mittel, durch das diese Erlebnisse identifizierbar und verfügbar werden. In der Sprache versteht man sich auf die wiederkehrenden Erlebnisgruppen und verständigt sich so – über ihre Wiederkehr und aufgrund ihrer Wiederkehr. Die Geschichte der Sprache bezeichnet Nietzsche als einen »Abkürzungs-Prozeß«, der für ein immer schnelleres Zirkulieren sorgt und der zur Voraussetzung hat, daß »eine gleiche Anzahl oft wiederkehrender Erlebnisse die Oberhand [gewinnen] über seltner kommende« (*N*, II 741). Mit anderen Worten: als »Mitteilbarkeit«, als Gebrauch von zunächst ähnlichen und dann gleichen Zeichen für wiedererkennbare Bedürfnisse oder Erlebnisse, ist die Sprache die Ökonomie einer Ökonomie des Gemeinen, sie ist die Ökonomie des Gemeinen und die gemeine Ökonomie schlechthin. Alle Teleologien der Kommunikation, jedes Fortschrittsdenken,

1 Zitiert werden Nietzsches Schriften nach der dreibändigen Ausgabe, die Karl Schlechta besorgt hat. Sie ist vom Ullstein Verlag im Jahr 1981 nachgedruckt worden (Nachdruck der 6., durchgesehenen Auflage, die 1969 erschienen ist).

das sich an der (regulativen) Idee integraler und durchsichtiger Kommunikation ausrichtet, könnte man im Lichte eines solchen »Abkürzungs-Prozesses« betrachten und als Verabsolutierung der gemeinen Ökonomie beschreiben. In der gesellschaftlichen Wirklichkeit wird dabei das »schwerer Verständliche« ausgeschloßen, in der Idealität des philosophischen Diskurses jenes, was man unter dem Primat der Einheit kommunikativer Rationalität für unnütz erachtet, ja für gefährlich hält, weil es unbegründet oder unbegründbar ist.

Das Wasser im Flussbett

An dieser Stelle: dort, wo es um die Herstellung der (All)Gemeinheit geht, scheint Nietzsche allerdings zu schwanken. Seine Darlegungen lassen zumindest zwei entgegengesetzte Schlußfolgerungen zu. Auf der einen Seite muß man davon ausgehen, daß der Gebrauch einer gemeinsamen Sprache – der Gebrauch »derselben Worte« zur Verständigung nicht ausreicht: »Man muß zuletzt seine Erfahrung miteinander *gemein* haben«. Die Einheit, die sich durch ein solches Gemeinhaben herstellt, nennt Nietzsche »Volk«. Abstrakter und in neuerer Terminologie formuliert, ließe sich von einem »Begriffsschema« reden. Auf der anderen Seite kann man aber annehmen, daß die Mitteilbarkeit und deren Ökonomie zum »Erleben von nur durchschnittlichen und *gemeinen* Erlebnissen« führt und in diesem Sinne – im Sinne einer Annäherung in der Not die »gewaltigste« aller Gewalten ist, »welche über den Menschen bisher verfügt haben«. Die Frage lautet folglich: Verfügt in der verfügenden Not die Sprache (über) das Gemeine oder verfügt das Gemeine in der verfügenden Not (über) die Sprache?

Man mag die Alternative durch eine dialektische Bewegung aufheben. Man mag auch an die philosophiegeschichtlich spätere Idee des Sprachspiels erinnern: der Gebrauch, durch den man das Gemeine lernt, setzt kein objektiv verifizierbares oder rein subjektives Wissen voraus, das eine Empfindung zum Gegenstand hat. In seinen Notizen über Gewißheit nähert sich Wittgenstein einmal einer von Nietzsche inspirierten Sprachtheorie, dann nämlich, wenn er schreibt: »Die Mythologie kann wieder in Fluß geraten, das Flußbett der Gedanken sich verschieben. Aber ich unterscheide zwischen der Bewegung des Wassers im Flußbett und der Verschiebung dieses [Flußbetts]; obwohl es eine scharfe Trennung der beiden nicht gibt.«[1] Gleichgültig, mit welcher Strategie man sich dem sprachtheoretischen Ansatz bei Nietzsche zuwendet, festhalten muß man, daß die Genealogie der sprachlichen Ökonomie das Gemeine (das »Ähnliche, Gewöhnliche, Durchschnittliche, Herdenhafte«, das sich von der Mitteilbarkeit der Sprache nicht ablösen läßt) auf die Probe stellt. Indem er den nicht-gemeinen Ursprung des Gemeinen aufdeckt, setzt der Genealoge das Gemeine genau jener gefährlichen Erfahrung aus, die er mit der Erfahrung der »Freundschaft« und der »Liebschaft« identifiziert. Die Genese der Sprache als Genese des (All)Gemeinen hängt unmittelbar von der Erfahrung der Gefahr ab, der die Menschen ausgesetzt sind. Je größer die Gefahr, der man begegnen muß, desto prekärer und desto aussichtsreicher scheint das Gelingen des rettenden »Abkürzungs-Prozesses«. Gefahr und Rettung verhalten sich hier proportional zueinander, weshalb es keine Sicherheit (keine Sprache, keine [All]Gemeinheit) geben kann, die nicht die Spuren der größten Gefahr trägt, die Spuren der Vereinzelung und Vereinsamung, des Mißverständnisses und der Sprachlosigkeit: »Sich in der Gefahr nicht mißzuverstehen, das ist es, was die Menschen zum Verkehre schlechterdings nicht entbehren können. Noch bei jeder Freundschaft oder Liebschaft macht man diese Probe: nichts derart hat Dauer, sobald man dahinterkommt, daß einer von beiden bei gleichen Worten anders fühlt, meint, wittert, wünscht, fürchtet als der andere. (Die Furcht vor dem ›ewigen Mißverständnis‹: das ist jener wohlwollende Genius, der Personen verschiedenen Geschlechts so oft von übereilten Verbindungen abhält, zu denen

1 Ludwig Wittgenstein, *Über Gewißheit*, Frankfurt am Main 1990 (7. Auflage), S. 34

Sinne und Herz raten – und *nicht* irgendein Schopenhauerscher ›Genius der Gattung‹!).« (*N*, II 741) Weil also die Sprache als Mittel der Verständigung und des Verstehens der Gefahr und der Not entspringt, reicht es aus, sie der Gefahr auszusetzen, um ihren Ursprung: um die ursprünglich für das Gemeine konstitutive Differenz des Nicht-Gemeinen aufzudecken. Die Sprache *enthält* keine Metaphysik der dauerhaften (All)Gemeinheit, sie *ist* bereits, wenn man aus der Sicht des zitierten Aphorismus an die Ausführungen der *Götzendämmerung* anknüpft, jenes »grobe Fetischwesen«, jene Metaphysik, die Nietzsche beim Namen, bei ihrem deutschen Namen ruft: die »Grundvoraussetzungen der Sprach-Metaphysik, auf deutsch: der *Vernunft*« (*N*, II 959) bestehen in dem Vorurteil, das uns zwingt, »Einheit, Identität, Dauer« anzusetzen und das Werden ihnen unterzuordnen. Freilich darf man den (sprachmetaphysisch begründeten) Glauben an die Dauer nicht seinerseits mit einem univoken und darum einheitlichen, identischen, dauerhaften Sinn versehen. In der *Morgenröte* lesen wir: »Die Institution der Ehe hält hartnäckig den Glauben aufrecht, daß die Liebe, obschon eine Leidenschaft, doch als solche der Dauer fähig sei, ja daß die dauerhafte lebenslängliche Liebe als Regel aufgestellt werden könne [...] Alle Institutionen, welche einer Leidenschaft *Glauben an ihre Dauer* und Verantwortlichkeit der Dauer zugestehen, wider das Wesen der Leidenschaft, haben ihr einen neuen Rang gegeben: und der, welcher von einer solchen Leidenschaft nunmehr befallen wird, glaubt sich nicht, wie früher, dadurch erniedrigt *oder gefährdet*, sondern vor sich und seinesgleichen gehoben [...] Jedesmal ist sehr viel Heuchelei und Lüge durch eine solche Umschaffung in die Welt gekommen: jedesmal auch, und um diesen Preis, ein neuer *übermenschlicher*, den Menschen hebender Begriff.« (*N*, I 1033 – meine Hervorhebung, A.G.D.) So wie die Liebe eine gefährliche Leidenschaft ist, die der Dauer sich widersetzt oder die Dauer auf die Probe stellt, um sich gleichzeitig von dem Glauben an die Dauer anziehen und »umschaffen« zu lassen (Nietzsche macht auf diese doppeldeutige Gefügigkeit der Liebe aufmerksam; immer wieder lenkt er in seinen Schriften den Blick auf die »hebende«, idealisierende, verklärende, schaffende, zukunftserschließende Funktion, die die Liebe selber erfüllt), so wird die Sprache, das (All)Gemeine, vom Verstehen und vom Mißverstehen, von der Abkürzbarkeit und dem unendlichen Umweg geteilt.

Genese gegen Geltung?

Der Genealoge durchstreicht nicht einfach die Geltung im Namen der Genese, sondern stellt sich vielmehr dem unversöhnlichen, unstillbaren, unaufhebbaren Konflikt, der Genese und Geltung immer wieder einander entgegensetzt und sie zu immer schon ausgesetzten, in sich unvollständigen Begriffen macht. Jeder genealogisch untersuchte Begriff, jeder Begriff, der unter dem Aspekt seiner Genese und seiner Geltung untersucht wird (Genese und Geltung sind selber Begriffe, die sich der genealogischen Untersuchung darbieten), muß aus diesem Grund »als Folge, als Symptom, als Maske, als Tartüfferie, als Krankheit, als Mißverständnis«, aber auch »als Heilmittel, als Stimulans, als Hemmung, als Gift« (*N*, II 768) betrachtet werden. Die eigentliche Gefahr (der Liebe, der Freundschaft und des genealogischen Verfahrens) besteht dann vielleicht darin, daß die Geltung in der Genese und die Genese in der Geltung verschwindet. Übersetzt die irreduktible Asymmetrie zwischen den beiden gleichberechtigten Möglichkeiten, den Satz »Ich liebe Dich« zu verstehen oder mißzuverstehen, nicht gerade jenen Konflikt, jene Polemik, jene gefährliche Auseinandersetzung zwischen Genese und Geltung? Die Gleichsetzung der Liebeserklärung mit einer bloßen Versicherung tendiert dazu, ihre Geltung auf ihre Genese zurückzuführen, statt deren Verschiedenheit auszuhalten. Das Beharren auf der Geltung des Satzes »Ich liebe Dich« läßt umgekehrt dessen genetische Verunreinigung tendenziell zumindest verschwinden. Beide Tendenzen zeugen von der Macht der (All)Gemeinheit.

Kräfte und Gegenkräfte

Die Gefahr, die dem Gemeinen als solchem innewohnt, ist (folgt man der Logik von Nietzsches Argument) keine außergewöhnliche Gefahr, keine Gefahr, die dem Gemeinen nur von außen und nur in außergewöhnlichen Fällen droht. Sie ist keine Gefahr, die das Gemeine mehr oder weniger auszuschließen und zu kontrollieren vermag. Wenn also die Erfahrung der Freundschaft und der Liebe die Geltung des Gemeinen gefährden kann, ist dessen Stabilität *stets* eine höchst prekäre. Nietzsche weist auf diesen Umstand dadurch hin, daß er das Gemeine der beiden Erfahrungen hervorhebt. So sehr das gemeine Verständnis und die gemeine Verständigung gegen das Mißverständnis und gegen Unfälle abgesichert und gefeit zu sein scheinen, Gefahr droht ihnen »*noch bei jeder* Freundschaft und Liebschaft«. Das »Noch-bei-jeder« kann man in einem doppelten Sinne verstehen, nämlich im Sinne der Gemeinheit der Erfahrung selbst *und* im Sinne eines Überdauerns dessen, was von der Gemeinheit verdeckt wird. Damit zeichnet sich ein Paradoxon ab. Gerade weil die Gemeinheit in sich eine unumgehbare und unhintergehbare Andersheit (eine Vereinsamung, eine Vereinzelung, ein Selten- und Seltsamwerden) enthält, die sie sich nicht als *ihre* Andersheit aneignen kann, ist nichts gemeiner als diese Andersheit selber. Liebe und Freundschaft sind die gemeinen Erfahrungen, durch die das Gemeine aus den Angeln gehoben wird.

Allgemeiner ausgedrückt (man vergesse nicht, daß die Bedingung der Möglichkeit, etwas all-gemeiner auszudrücken, die Sprache als gemeines Medium der Allgemeinheit und der Idealität ist, daß die genealogische Untersuchung der Gemeinheit also die Allgemeinheit betrifft, an die der philosophische Diskurs gebunden ist): Genese und Geltung bilden keinen reinen und keinen dialektischen Gegensatz, sie lassen sich nicht in einer höheren begrifflichen Einheit aufheben, vielmehr affizieren sich beide wechselseitig, ohne eine Einheit hervorzubringen – Kontingenz der Genealogie. Deshalb auch ist es Nietzsche möglich,

Freundschaft und Liebe als die Erfahrungen zu *identifizieren* und zur Sprache zu bringen, die für jene, welche sich gemeinhin dem »schwerer Verständlichen« verschließen, »*ähnliche* Bedingungen« der Gefahr abgeben. (Ist eine Gefahr, die unter »ähnlichen Bedingungen« droht, noch eine Gefahr? Ist umgekehrt eine bedingungslos drohende Gefahr überhaupt eine?) Wenn nun Genese und Geltung sich wechselseitig affizieren und dabei nicht in einer Einheit aufgehen, ist nichts gefährlicher als die Gemeinheit. Die Gemeinheit gefährdet sich stets selber, da die Andersheit ihr wesentlich und gemein ist, ohne von ihr einbegriffen zu werden. Andererseits bedarf es zur Aussetzung der Gemeinheit »ungeheuerer Gegenkräfte«, und zwar aus genau demselben Grund: weil nämlich die Andersheit, die von der Gemeinheit nicht einbegriffen wird, ihr wesentlich und gemein ist (die Gegenkräfte der Vereinzelung suchen freilich nicht den Rückfall in das absolute Mißverständnis und in die vollkommene Abwesenheit jeder Möglichkeit der Mitteilung; vielleicht ist das »schwerer Verständliche« gegen die Gefahr eines solchen Rückfalls gerade dadurch besonders resistent, daß es sich nicht in einen »Abkürzungs-Prozeß« fügt, der unmittelbar aus der Gefahr resultiert und der sie unvermittelt, durch Auswahl und Ausschluß zu bannen sucht). In dem Maße, in dem die Geltung einen Anspruch auf (All)Gemeinheit stellt und stellen muß, um sich als solche zu konstituieren (einen radikal partikularen Geltungsanspruch gibt es nicht, er könnte als solcher nicht mitgeteilt werden und ist darum undenkbar), erweist sich die Genealogie des Gemeinen als die Genealogie der Geltung: das genealogische Verfahren besteht nicht darin, der Geltung die Genese dessen vorzuhalten, was einen Geltungsanspruch erhebt und damit eine gewisse (All)Gemeinheit zwangsläufig impliziert, sondern darin, die begrifflich nie auflösbare Unentscheidbarkeit im Verhältnis von Genese und Geltung darzutun, die Allgemeinheit generiert und zugleich durchkreuzt. Liebe und Freundschaft sind Erfahrungen des Gemeinsten *als* des Ungeheuerlichsten. Dem *progressus in simile* philosophiegeschichtlicher Vorurteile und Vereinfachungen anheimgegeben, könnte man vermuten, daß Nietzsche der Ausnahme das Wort redet, um sich diskriminierend gegen das Gemeine zu wenden. Seine Genealogie der Gemeinheit zeigt indes, wie schwer es ist, das Gemeine und die Ausnahme zu identifizieren: Liebe und Freundschaft sind weder gemein-gewöhnliche noch außer-gewöhnliche Erfahrungen. So wird deutlich, daß die Kontingenz ihnen selber anhaftet. Was an der Untersuchung der Liebeserklärung sich zeigt – daß es vielleicht keine Liebe jenseits der Kontingenz gibt, bestätigt Nietzsches Genealogie.

Matrix

Ließe sich an dieser Stelle nicht behaupten, daß Nietzsches unterschiedliche Bewertungen der Liebe keineswegs durch den fragmentarisch-aphoristischen Charakter seines Werks allein bedingt werden, sondern ebenfalls durch die eigentümliche und unendlich fruchtbare Matrix, als die man das Paradoxon von Genese und Geltung bezeichnen kann? Ist dieses Paradoxon am Ende ein (ungesicherter) Grund für jenen fragmentarisch-aphoristischen Charakter? Einerseits wird Nietzsche nicht müde, den Geltungsanspruch der Liebe zu entzaubern. Diese Entzauberung erfolgt sowohl im Namen ihres Wesens als auch in dem ihrer Funktion. Sie efolgt im Namen eines besonderen, religionsstiftenden Wissens um ihr Wesen und im Namen ihrer allgemeinen Funktion im Umkreis des Lebendigen, sie erfolgt im Namen ihrer geschlechtsspezifischen Paralysierung des (künstlerischen) Schaffens und im Namen ihrer nicht weniger geschlechtsspezifischen Eignung zum siegreichen Kampfmittel. Jesu soll den Tod suchen, weil er um die Liebe weiß: sein Leben ist aus Nietzsches Sicht »die Geschichte eines armen Ungesättigten und Unersättlichen in der Liebe [...], der endlich, wissend geworden über menschliche Liebe, einen Gott erfinden mußte, der ganz Liebe, ganz Lieben-*Können* ist – der sich der Menschen-Liebe erbarmt, weil sie gar so armselig, so unwissend ist!« (*N*, II 744); die Liebe soll über eine »illusorische Kraft« verfügen und dazu beitragen, daß der Mensch, der unter ihrem Einfluß »die Dinge am meisten so sieht, wie sie *nicht* sind«, am Ende das Leben selbst aus den Augen verliert (*N*, II 1183); der Künstler soll vom »Weib« gefährdet werden, das »Weib« soll seine Gefahr sein, die Gefahr, der er als Künstler ausgesetzt bleibt: in der weiblichen Liebe erblickt Nietzsche nämlich nur einen »feineren *Parasitismus*«, der immer »auf ›des Wirtes‹ Unkosten« geht, weil er in einem festmachenden Sich-Festmachen besteht; Liebe, »in ihren Mitteln der Krieg«, soll sich schließlich als ein Mittel des »Weibes« erweisen, mit dem oder durch das es seinen Vorrang im »*ewigen* Krieg« der Geschlechter behauptet (*N*, II 1106-1107). Nietzsche entzaubert also den Geltungsanspruch der Liebe, indem er ihre wahre Herkunft: indem er die Wahrheit ihres Wesens und ihrer Funktion decouvriert. Andererseits aber unterstreicht er ihre Geltung gerade im Namen ihrer Funktion und ihres Wesens. Die Liebe läßt sich nicht festmachen, ihre Wahrheit oder Unwahrheit mißt sich nicht an der identifizierenden Bestimmbarkeit und der (All)Gemeinheit, weil sie weder in ihrer Genese noch in ihrer Geltung aufgeht. Weder läßt sie sich verallgemeinern und *als* Liebe geltend machen noch verschwindet sie in der Differenz, welche ihre (All)Gemeinheit und ihren Geltungsanspruch desavouiert.

Vom Standpunkt ihrer *Funktion* aus betrachtet, ist die Liebe nicht bloß ein Festmachen des schaffenden Künstlers, sondern ebenfalls eine aktive Lebenssteigerung, ein (geschlechtlich markiertes, physiologisch motiviertes) Schaffen, verleiht man dem Schaffen den Sinn eines Willens zur Vollkommenheit, genauer: eines Verlangens nach der Schönheit dessen, was nicht an sich vollkommen ist, sondern erst vollkommen wird – bedarf es doch gerade eines solchen Verlangens zur Vollkommenheit. In einem Fragment, das den Titel »Zur Genesis der Kunst« trägt, schreibt Nietzsche: »Das *Verlangen nach Kunst* und *Schönheit* ist ein indirektes Verlangen nach den Entzückungen des Geschlechtstriebes, welche er dem *cerebrum* mitteilt. Die *vollkommen gewordene Welt*, durch ›Liebe‹.« (*N*, III 870) Die Anführungszeichen, die das Wort »Liebe« hier umgeben, weisen vielleicht auf ihre physiologische Herkunft hin, darauf, daß es sich bei der

Liebe und beim Verlangen nach Vollkommenheit um das Wirken geschlechtlicher Kräfte handeln soll, die das »zerebrale System« »überladen« (genetische Erklärung, die sich wiederum an der Bemerkung stoßen muß, für »zwei Liebende im ganzen und starken Sinn des Wortes« sei die Geschlechtsbefriedigung »nichts Wesentliches und eigentlich nur ein Symbol« [*N*, III 922]). Was immer aber auch »Liebe« genannt wird: Nietzsche läßt im Fragment zur Genese der Kunst keinen Zweifel an ihrer stimulierenden Kraft. Bereits in der zweiten *Unzeitgemäßen Betrachtung* konstatiert er, daß der Mensch »nur in der Liebe« schafft, nur »umschattet von der Illusion der Liebe«, nur »im unbedingten Glauben an das Vollkommene« (*N*, I 252). Die Kraft der Liebe liegt in ihrer verklärenden Wirkung. Verklärt werden aber, so Nietzsche, die »kleinsten Zufälligkeiten«, jene kontingenten Begebenheiten, die kontingenter noch sind als das bloß Kontingente.

Daß es keine Liebe jenseits der Kontingenz gibt, bedeutet also ein dreifaches: es bedeutet, daß die Liebe das (All)Gemeine der Kontingenz aussetzt, daß die Kontingenz ihr anhaftet und daß sie sich an die Kontingenz heftet. Von einem Verlangen nach Vollkommenheit und Schönheit, von Vollkommenheit und Schönheit selbst kann man allein deshalb reden, weil es Kontingentes und weil es keine Liebe jenseits der Kontingenz gibt.

Im *Wesen* der Liebe jedoch macht Nietzsche nicht nur einen konstitutiven Mangel aus, der den stets enttäuschten Wunsch nach Liebe perpetuiert und den Ersatz an ihre Stelle rückt, sondern auch jenes »Mehr-Wollen«, durch das sie den Namen der »großen Liebe« verdient: »Alle große Liebe *will* nicht Liebe – die will mehr«, lehrt Zarathustra (*N*, II 529). Wo sie »große Liebe« ist, wo sie am meisten als Liebe gelten kann, beruhigt sich die Liebe nicht bei sich selber. Sie sucht nicht einfach Liebe, sie will anderes und mehr, als sie selber ist. Ihr Wesen besteht folglich darin, nicht in sich selber zu ruhen und ein Wesen zu haben, das sich als solches festmachen läßt. Könnte man lieben, würde die Liebe nach ihrer vollkommenen Erwiderung streben und am Ende genau erwidert werden? Könnte man lieben, würde die

Liebe sich bei sich selber beruhigen und in sich ruhen? Könnte man lieben, wäre die Liebe mit sich eins?

Wenn »bis in unsere Zeiten« die »Liebesgeschichte« das Interesse kapitalisiert hat, so nicht bloß aufgrund einer »Geheimtuerei der Kirche in allen erotischen Dingen«, die aus dem Blickwinkel des Altertums unbegreiflich bleiben muß (*N*, I 1062f.). Die Liebe muß erzählt werden, weil sie mit sich uneins ist. Zwischen der Liebe und der Liebesgeschichte verläuft keine deutliche Grenze, im Gegenteil: die Erzählbarkeit ist der Liebe (ihrem Uneins-Sein und ihrem Un-eins-Sein) einbeschrieben. Die Liebe generiert selber ihre eigene Fiktion und ist nichts anderes als ihre Geschichte. Liebe: Fragmente eines liebenden Diskurses und eines Diskurses über die Liebe.

Uneins

Fassen wir zusammen: Wenn man sagt, Liebe sei nicht Liebe, behauptet man einmal, daß ihr Geltungsanspruch von einer unaufhebbaren Differenz affiziert wird: die Geltung fällt nicht mit sich selber zusammen, ihre (All)Gemeinheit ist gefährdet, da die Genese sich nicht mit ihr deckt. Dann aber, daß die Geltung eben von diesem wesentlichen Un-eins-Sein abhängt und daß die Liebe in dem Maße als Liebe gelten kann, in dem sie mit sich selber uneins ist: Un-eins-Sein als Nicht-Einheit, Uneins-Sein als Streit, Uneinssein als Nicht-Einheit und Streit. Es ist letztlich die uneinholbare Möglichkeit einer doppelten und kontradiktorischen Behauptung, welche die Rede vom Uneinssein der Liebe rechtfertigt. An der Liebe zeigt sich, daß man das Uneinssein nicht mit der Entgegensetzung eines Nicht-Einheitlichen und einer Einheit verwechseln darf (Nicht-Einheit, die durch den Rückgriff auf die Genese der Geltung zutage tritt, Einheit, die durch die Irreduktibilität der Geltung auf die Genese gestiftet wird). Vielmehr ist das Nicht-Einheitliche (die Genese, die Herkunft, der Ursprung, welche die Identifikation vereiteln) in sich un-eins und darum der Einheit (der Geltung, der [All]Gemeinheit, der Identifikation) ausgesetzt, während umgekehrt die Einheit dem Nicht-Einheitlichen ausgesetzt und damit ihrerseits in sich un-eins ist. Wie kann man nun dieses In-sich-Ausgesetzt- und In-sich-Uneinssein der Liebe genauer fassen? Anders gefragt: Wie wirkt sich das Paradoxon der Genealogie, das paradoxe Verhältnis von Genese und Geltung, in der Liebe aus?

Mangel als Fülle

Der Mangel an Liebe, der zur Erfindung eines liebenden Gottes und zur Verneinung des Lebens führen kann, entzaubert nicht bloß ihre Geltung. Er kann ebenso Ursprung der Liebe sein. In Nietzsches Nachlaß findet sich eine Notiz über »die untersten Bedingungen jedes Wachstums in der Liebe«: »Eine volle und mächtige Seele wird nicht nur mit schmerzhaften, selbst furchtbaren Verlusten, Entbehrungen, Beraubungen, Verachtungen fertig: sie kommt aus solchen Höllen mit größerer Fülle und Mächtigkeit heraus: und, um das Wesentliche zu sagen, mit einem neuen Wachstum in der Seligkeit der Liebe.« (*N*, III S. 893) Was man gemeinhin für einen Mangel (der Überfülle) hält, die gesellschaftliche Korruption und Erschlaffung, charakterisiert Nietzsche in der *Fröhlichen Wissenschaft* als Bedingung für das Entstehen einer »großen Liebe«. Die »große Liebe« ist das Ergebnis der Verschwendung, der Verausgabung, des Verschenkens, als das sie selber gelten muß, wenn man an Zarathustras Lehre vom Mehr-Wollen der Liebe denkt: »Und so sind es gerade die Zeiten der ›Erschlaffung‹, wo die Tragödie durch die Häuser und Gassen läuft, wo die große Liebe und der große Haß geboren werden und die Flamme der Erkenntnis lichterloh zum Himmel aufschlägt.« (*N*, II 56) Schließlich enthält die »Naturgeschichte der Moral« in *Jenseits von Gut und Böse* einen Passus, in dem Nietzsche den Mangel, das heißt die »Zwangs- und Fastenzeiten«, die in Gestalt des übergreifenden moralischen Fanatismus »ganze Geschlechter« bestimmen, als Reinigung und Schärfung des Triebs auslegt: »Hiermit ist auch ein Wink zur Erklärung jenes

Paradoxons gegeben, warum gerade in der christlichen Periode Europas und überhaupt erst unter dem Druck christlicher Werturteile der Geschlechtstrieb sich bis zur Liebe (*amour-passion*) sublimiert hat.« (*N*, II 648) Nach der Lektüre dieser Stellen (ihre kontingente, willkürliche Auswahl wird von der Genealogie selber bedingt, von der im genealogischen Paradoxon liegenden Unmöglichkeit der totalisierenden Herstellung einer Identität des *Gesamtwerks*), wird deutlich, daß jenes, was die Identifikation der Liebe: die Konstitution ihrer gleichbleibenden Einheit, ihrer (All)Gemeinheit und ihrer Geltung durchkreuzt (also der Mangel, der ihr genetisch innewohnt), seinerseits von einer trennenden und aufreißenden Differenz durchzogen wird.

Umgekehrt ließe sich aber auch zeigen, daß das »Mißverständnis der Liebe« (die Verwechslung einer »sklavischen« mit einer »göttlichen« Liebe, die Verwechslung einer Liebe, der es an Kraft mangelt und die an ihrem Mangel scheitert, mit einer Liebe, die kräftig genug ist und der ihre verwandelnde Mitteilung gelingt, die Verwechslung einer Liebe, die in ihrem unterwürfigen Sich-Verschenken und Sich-Mitteilen »idealisiert und sich täuscht«, mit einer Liebe, »welche verachtet und liebt und das Geliebte *umschafft*, *hinaufträgt*« [*N*, III 427]) durch das Uneinssein jener Liebe möglich wird, die in ihrem Mehr-Wollen sich vielleicht gerade als ein Schaffen und Umschaffen erweist. Die Selbsttranszendenz, die noch das Selbst gefährden muß, wenn anders sie mehr sein soll als die Resorption des Mehr und die Rückkehr zum Selbst – zur Liebe selbst, setzt die Liebe, die es unabhängig von ihrer Bewegung gar nicht gibt, immer schon der Gefahr des Mißverständnisses und des Abbruches oder Scheiterns der schenkenden Mitteilung aus. Die Mitteilung kann folglich durch die Erfahrung der Liebe gefährdet werden, sie kann als schenkende Mitteilung eine verwandelnde Liebe sein, als kraftlos sich verausgabende Mitteilung aber eine an sich selbst zugrundegehende Liebe: die Entgegensetzung von Liebe und Mitteilung läßt sich nicht verallgemeinern, und auch die Gleichsetzung von Lieben und (Sich)Verschenken ist nicht allgemein gültig.

Ablesen kann man an dieser komplexen Beschreibung der

Liebe, in der das paradoxe Verhältnis von Genese und Geltung sich ausdrückt, wie sehr und wie weit es unterschiedliche Bewertungen zuläßt, durch die es Unterschiede schafft, die nicht nur formale oder strukturelle Unterschiede sind. *Wo jeder Begriff uneins und beweglich ist, wird sein Uneinssein erst durch jene Bewertungen relevant, über die sich abstrakt-allgemein ebensowenig entscheiden läßt wie über Geltung und Genese.*

Abkürzungsprozesse

Die Schwäche gegenwärtiger Aneignungen des genealogischen Vorgehens liegt häufig in einem Abkürzungsprozeß, in einer Vereinfachung, die sein Uneinssein: die seine spannungsgeladenen, komplexen und paradoxen Strategien preisgibt und damit gerade einen gewissen Mangel verrät. Legitimiert werden solche Aneignungen meist durch den Rückgriff auf solche Autoren, die in den vergangenen Jahrzehnten besonders eindringlich an die Bedeutung der Genealogie erinnert haben, ohne freilich deren Komplexität zu reduzieren: Deleuze und Foucault. Die als »kritische Philosophie« identifizierte Genealogie charakterisiert Deleuze am Anfang seiner Studie *Nietzsche et la philosophie* mit den Worten: »Die kritische Philosophie zeichnet sich durch zwei Bewegungen aus, die unablösbar voneinander sind. Auf der einen Seite sollen der Gegenstand und seine Herkunft auf Werte bezogen werden; auf der anderen Seite sollen aber diese Werte zugleich auf etwas zurückgeführt werden, was man als ihre Herkunft ansehen kann, und was über ihren Wert entscheidet.«[1] Foucault untersucht in seinem Aufsatz *»Nietzsche, la généalogie, l'histoire«* die Art und Weise, wie der Genealoge die Begriffe der Entstehung, der Herkunft und des Ursprungs gebraucht; zu den Aufgaben des Genealogen gehört, jenes, was keine Geschichte zu haben scheint (Foucault nennt beispielhaft auch die Liebe), als ein geschichtliches Ereignis oder als unregelmäßige und diskon-

1 Gilles Deleuze, *Nietzsche et la philosophie*, Paris 1967, S. 2

tinuierliche Reihe von Ereignissen darzustellen. Die Analyse der Herkunft führt dazu, »die Äußerlichkeit des Unfalls, des Zufalls oder der Kontingenz [*accident*]« als Ursprung unseres Seins und unseres Wissens – als Ursprung des (für uns) Geltenden aufzudecken.[1]

Wenn Nietzsche die christliche Religion der Liebe auf das Leiden eines zu stark Liebenden zurückführt, enthält er sich jeder schlichten Verdammung des Christentums. Genese und Geltung stehen nicht in einem einfachen Gegensatzverhältnis. Zu den Merkmalen der verkürzenden und vereinfachenden Aneignungen des genealogischen Verfahrens in der Gegenwart zählt hingegen ein Rückfall in eine binäre Gegensatzlogik, der man sich um jeden Preis entwinden möchte. Judith Butler fordert in ihrem Buch *Gender Trouble. Feminism and the Subversion of Identity*[2], dessen Relevanz in einem gegebenen Kontext und in einer anhaltenden Diskussion hier nicht beurteilt werden soll, eine kritisch-feministische, subversive Genealogie, die überkommene Gegensätze, vor allem den Gegensatz zwischen *sex* und *gender*, aus ihrer Verankerung hebt. Mehrmals verwendet Butler den Begriff der Genealogie (»eine kritische Genealogie«, »eine feministische Genealogie«, »eine Genealogie, die darlegt, daß jede binäre Wahl eine variable Konstruktion ist«, usw.); gelegentlich beruft sie sich ausdrücklich auf Nietzsches *Genealogie der Moral*[3] und auf Foucaults »genealogische Kritik an den Versuchen einer Grundlegung«.[4] Ziel der Genealogie, die Butler advoziert, soll es sein, essentialistische, fundamentalistische und identitätspolitische »Strategien des Ausschlusses und der Hierarchiebildung« zu durchkreuzen, um bislang unbekannte oder unzureichend beachtete »kulturelle Konfigurationen« in jenen Diskursen erscheinen zu lassen oder zum Ausdruck zu bringen [*become articulable*], die für die Herstellung eines als »verständ-

1 Michel Foucault, »Nietzsche, la généalogie, l'histoire«, in: *Hommage à Jean Hyppolite*, Paris 1971, S. 152

2 Judith Butler, *Gender Trouble*, New York 1990

3 ebd., S. 25

4 ebd., S. 72

lich« und »vernehmlich«, ja als »vernünftig« [*intelligible*] gekennzeichneten »kulturellen Lebens« sorgen[1]. Am Ende widersetzt sich aber diese kritisch-feministische Genealogie der binären Gegensatzlogik nur, indem sie die Gültigkeit eines neuen Gegensatzes statuiert. Begnügt sie sich doch damit, mehr oder weniger summarisch das »Unnatürliche« und Konstruierte an die Stelle des »Natürlichen« und Ursprünglichen (in Wahrheit stets schon diskursiv Produzierten) zu rücken.

Das genealogische Vorgehen hat bei Nietzsche die Liebe nicht nur zum Gegenstand. Es ist keine bloße Methode. Behält man von ihm nichts als eben ein Verfahren zurück, droht man der gedankenarmen Immergleichheit dessen anheimzufallen, was immer nur sich selber will. Der Genealoge will mehr als die entlarvende Aufdeckung des Gewordenseins, mit der man die Genealogie allein um den Preis ihrer groben Vereinfachung konfundieren kann. In dem Maße, in dem die Kontingenz für die Genealogie konstitutiv ist (die Genese läßt sich nicht auf die Geltung, die Geltung nicht auf die Genese zurückführen), will der Genealoge jedes Mal mehr. Es gibt keine Genealogie »selbst«: das Mehr-Wollen, das nicht einfach der Wille eines Subjekts, einer einheitlichen und mit sich identischen Instanz ist, definiert in diesem Sinne die Genealogie. Darum ähnelt der Genealoge dem Liebenden, in dem man auch einen Verächter erkennen muß; einzig eine Liebe, die mehr will als sich selbst, die selbst in diesem Mehr-Wollen und in dieser Aussetzung besteht, ohne je ihren Bestand sichern zu können, vermag sich ihrer »eigenen« Aufteilung (den verschiedenen und unversöhnlichen Wirkungen des Mangels) zuzukehren.

1 ebd., S. 149

»Was Liebe heisst in allen Sprache und Stummheiten dieser Welt«

Nietzsches Bemerkungen zur Liebe kreisen immer wieder um den Gedanken eines arbeitenden, hervorbringenden, produktiven Mangels. Der Altruismus, die »allgemeine Menschenliebe«, die Emphase der Nächstenliebe entspringen dem Mangel, einem Zu-Wenig: »Von der Liebe haben die Menschen im ganzen deshalb so emphatisch und vergöttlichend gesprochen, *weil sie wenig davon gehabt haben.*« (*N*, I 1116) An anderer Stelle wird der Altruismus als eine »Fälschung« der Liebe dargestellt, weil er Hingebung und »Ver-*Änderung*« verkündet, wo »Ver-*Ichlichung*« herrschen muß: soll doch die Liebe »ein Hinzunehmen oder ein Abgeben« sein, das einen »Überreichtum von Persönlichkeit« voraussetzt (*N*, III 520). Dem Altruismus mangelt es folglich an einem solchen »Überreichtum«, er ist als »Fälschung« ein produktiv gewordener Mangel. Die »Kraft der großen Liebe« wird schwach, »falsche Wertschätzungen« nehmen zu, wenn es an Egoismus mangelt (*N*, III 461); umgekehrt produziert der Egoismus der Liebe selber einen Mangel, eine gewaltige Rücksichtslosigkeit, die indes keine Gewalt hat über einen falschen, mangelhaften Begriff der Liebe. Sie läßt es zu, daß der unbefangene Ausdruck der Liebe begrifflich verfälscht wird: »Erwägt man, daß der Liebende auf die Vearmung und Entbehrung aller anderen Mitbewerber ausgeht und zum Drachen seines goldenen Hortes werden möchte, als der rücksichtsloseste und selbstsüchtigste aller ›Eroberer‹ und Ausbeuter: erwägt man endlich, daß dem Liebenden selber die ganze andere Welt gleichgültig, blaß, wertlos erscheint und er jedes Opfer zu bringen, jede Ordnung zu stören, jedes Interesse hintennach zu setzen bereit ist: so wundert man sich in der Tat, daß diese wilde Habsucht und Ungerechtigkeit der Geschlechtsliebe dermaßen verherrlicht und vergöttlicht worden ist, wie zu allen Zeiten geschehen, ja daß man aus dieser Liebe den Begriff Liebe als den Gegensatz des Egoismus hergenommen hat, während sie vielleicht gerade der unbefangene Ausdruck des Egoismus ist.« (*N*, II 48) Aber auch der Reichtum und die Überfülle können ein Mangel sein, da man »auch am Zuviel« leiden kann: seiner selbst überdrüssig, versieht man die Begierde des Austeilens mit dem »Ehrennamen ›Liebe‹« (*N*, II 47). Der Mangel als Leiden am Zuviel und als Verschwendung vermag wiederum das Leben zu stimulieren; er zeugt dann nicht mehr bloß von einem Überdruß, sondern von der »Transfigurationskraft des Rausches«, von der Kraft dessen, »was Liebe heißt in allen Sprachen und Stummheiten dieser Welt«. Solche Liebe hat ein Wagen zur Folge, sie erlaubt es dem Liebenden, »neue Fähigkeiten« zu entdecken, und öffnet ihm die Tür der Kunst (*N*, III 752). Läßt sich kein aktives, transfigurierendes Wagen denken, das nicht ein Sich-Aussetzen ist und damit eine Erfahrung der Grenzen und der Grenzüberschreitung, so gilt es, die stimulierende Verschwendung, die aus dem Mangel als Leiden an einem Zuviel resultiert, von jener unbegrenzten Verausgabung zu unterscheiden, die sich ebenfalls Liebe nennt und die den Mangel an Widerstandskraft zum Grund hat: »*Die Instinkt-Ausschließung aller Abneigung, aller Feindschaft, aller Grenzen und Distanzen im Gefühl*: Folge einer extremen Leid- und Reizfähigkeit, welche jedes Widerstreben, Widerstreben-müssen bereits als unerträgliche Unlust [...] empfindet und die Seligkeit (die Lust) allein darin kennt, nicht mehr, niemandem mehr, weder dem Übel noch dem Bösen, Widerstand zu leisten – die Liebe als einzige, als *letzte* Lebensmöglichkeit.« (*N*, II 1191)

Die Aufreihung all dieser widerstreitenden ökonomischen Funktionen des Mangels weist darauf hin, daß man den Mangel nie als den stabilen Mittelpunkt einer geschlossenen Ökonomie der Liebe bestimmen kann. Stets gibt es eine Sprache oder eine Stummheit mehr, in der Liebe etwas anderes heißt, ohne daß sich eine Bedeutung ausschließen, den übrigen unterordnen oder voranstellen ließe. Das »Alle« in Nietzsches Formulierung (»was Liebe heißt in *allen* Sprachen und Stummheiten dieser Welt«) steht nicht für ein Ganzes: es trägt das Mal einer zusätzlichen Kontingenz. Damit ist gesagt, daß die Genealogie nicht allein die Geltung und deren inhärenten (All)Gemeinheitsanspruch der

Kontingenz aussetzt (sprachliche Erfahrung der Liebe und der Freundschaft), sondern selber an der Kontingenz partizipiert und partizipieren muß, soll das Verhältnis zwischen Genese und Geltung nicht deterministisch verkürzt und um sein paradoxes Potential, um seinen Reichtum an Pardoxien gebracht werden.

Ver-Änderung

Vielleicht aber ist von den unstabilen Figuren des Mangels, die man in der offenen Ökonomie der Liebe auszumachen vermag, jene besonders auffällig, die Zarathustras Lehre vom Mehr-Wollen darbietet. Die Konsequenzen dieser Lehre scheinen nämlich so weit zu reichen, daß man am Ende nicht einmal mehr das zentrale Motiv des Egoismus und die Reihe seiner Umkehrungen und Verschiebungen wiederzuerkennen glaubt. Wenn die Liebe mehr will als Liebe, zeichnet sie sich durch einen Mangel aus. Ohne Mangel kein Mehr-Wollen, das sich dem Anderen öffnet und so das Andere erst schafft und umschafft. Durch ihren wesentlichen Mangel ist die Liebe mehr als bloß ein Mangel. Der Mangel ist das Zuviel, er ist der Reichtum, die Fülle und Überfülle einer sich verschenkenden Liebe, einer Liebe, die einzig in einem (um)schaffenden Sich-Verschenken besteht und die sich deshalb von der unterwürfigen Verausgabung unterscheidet, die sie auch sein kann. Ausschlaggebend ist dabei, daß man das Mehr-Wollen nicht als ein Streben nach Ergänzung deuten darf, durch dessen Erfüllung die Liebe schließlich ihren Mangel abstreift, zur Ruhe kommt und als Liebe identifiziert zu werden vermag; denn damit hätte man genau jene Gestalt der Liebe wieder eingeführt, gegen die sich Zarathustras Lehre wendet, die Gestalt einer Liebe, die durch das Andere zu sich selbst gelangt und in Wahrheit also nichts anderes will als sich selbst im Anderen. Die Liebe will mehr als Liebe: ihre Bewegung ist nichts anderes als die Verwandlung und Umschaffung ihrer »selbst«, ihr Selbstsein ist nichts als die Bewegung einer (vor)ursprünglichen Aussetzung des Selbst, einer Aussetzung ohne Wiederaneignung und damit ohne Identität eines Willensprinzips. *Liebe als ein Mehr-Wollen (und nur dann ist das Mehr-Wollen ein solches, wenn es mehr will als das Wollen seiner selbst) kann folglich die (vor)ursprüngliche öffnung des Andersseins heißen, das nie die Stabilität eines festgemachten oder festmachenden Seins hat, und das dem Gegensatz von »Ver-Ichlichung« und »Ver-Änderung« nicht länger Rechnung trägt.* Eine »Ver-Änderung«, die sich nicht an einer »Ver-Ichlichung« mißt, ist ursprünglich; als »Ver-Änderung« ist der Ursprung aber kein Ursprung mehr, sondern vor-ursprünglich.

Fällt die »große Liebe«, die mehr will als Liebe und die letztlich eine (vor)ursprüngliche »Ver-Änderung« ist, nicht auch mit einer gewissen Verachtung zusammen, ist sie nicht das »große, das liebende Verachten, welches am meisten liebt, wo es am meisten verachtet« (*N*, II 468)? Ist sie nicht das Verachten, das sich nie mit dem Vorhandenen begnügt und das nicht sich selbst will? Den Übermenschen, dem die Liebe der Lebenden gelten soll, beschreibt Zarathustra als das Meer, in dem die »große Verachtung untergehen kann« (*N*, II 280)?

Schenken, Mitteilen

Das Mehr-Wollen, die (vor)ursprüngliche »Ver-Änderung«, die Liebe heißt, ist ein Schenken. Wie das Lieben will das Schenken mehr, indem es sich *nicht* bewahren *will*, indem es sich vor aller Selbstbehauptung (sei es eines positiven oder eines negativen Willens) vergißt und nur dadurch ein solches ist, daß es in diesem eigentümlichen Vergessen aufgeht, in einem Vergessen, welches nicht einmal das Vergessen *von etwas* ist und welches darum als eine (Er)Öffnung ohne Schließung (des ökonomischen Zirkels, den Geben und Zurückgeben bilden) gedacht werden muß. Wenn der Liebende aber den Schenkenden und das verschwendende Schenken liebt – will dann die Liebe im Schenken am Ende doch jenes, was sie nicht wollen kann, sich selbst? Zarathustra *liebt* das Schenken, weil er den Schenkenden *liebt*, »dessen Seele sich verschwendet, der nicht Dank haben will und nicht zurückgibt: denn er schenkt immer und will sich nicht bewahren.« (*N*, II 282).

Mit dem Zusammenhang zwischen Lieben und Schenken in Nietzsches Werk hat sich Heidegger eingehend beschäftigt. So zitiert er in seiner Vorlesung über den Gedanken der ewigen Wiederkehr ein Fragment, in dem Nietzsche sowohl das Einssein von Schaffen und Lieben behauptet als auch den Bezug des Liebens zum Mitteilen andeutet. Wenn »alles Schaffen [ein] Mitteilen« ist und »der Erkennende, der Schaffende, der Liebende« eins sind, zeichnet sich nicht nur das Schaffen, sondern ebenfalls das Lieben durch ein Mitteilen aus. Heidegger legt nun dieses Mitteilen als ein »Verschenken« aus. Dabei versucht er zunächst, das mitteilende Schaffen als ein Verschenken von zwei Gestalten des Mangels zu unterscheiden. Man darf das »echte Schaffen«, das Schaffen, zu dessen Wesensmerkmalen das »Mit-teilen« und das »Verschenken«, das »Austeilen« und das »Stiften«, die »Schaffenskraft« und der »Schaffensmaßtab«, die »Unbedürftigkeit« und die Fraglosigkeit, die Zerstörung des Verhärteten und der »Vor-wurf« stets neuer Möglichkeiten zählen, weder mit dem versichernden, um Legitimation heischenden Schaffen, das einen ihm äußeren Zweck verkündet und das darum bloß nachahmt, noch mit dem in der scheinhaften Zwecklosigkeit eines »bloßen Spieles« sich erschöpfenden Schaffen gleichsetzen.[1] Heidegger identifiziert dieses Spiel mit dem *l'art pour l'art*; in dem Abschnitt aus dem Nachlaß, der von der »Transfigurationskraft des Rausches« – von der stimulierenden Wirkung der Liebe und ihrer (organischen) Bedeutung für das künstlerische Schaffen handelt, schreibt Nietzsche: »Rechnen wir aus der Lyrik in Ton und Wort die Suggestion jenes intestinalen Fiebers ab: was bleibt von der Lyrik und Musik übrig?... *L'art pour l'art* vielleicht: das virtuose Gequak kaltgestellter *Frösche*, die in ihrem Sumpfe desperieren... Den ganzen *Rest* schuf die Liebe...« (*N*, III 752f.) Diese Unterscheidungen, die einer Verwechslung des »echten Schaffens« mit

1 Martin Heidegger, *Nietzsche*, Band I, Pfullingen 1961, S. 389.

seinen unechten oder uneigentlichen Gestalten vorbeugen soll, lassen Heidegger zu dem Schluß kommen, daß im Ganzen »das Schaffen und Geschaffene jederzeit sehr schwer zu erkennen und zu entfalten ist«. Ein solcher Schluß allein ist dem Wesen des »*echten* Schaffens« angemessen: denn in der Schwierigkeit, das »echte Schaffen« vom unechten zu unterscheiden, in der Gefahr einer Verwechslung beider, im Entzug dessen, was unterschieden und vom Gemeinen gesondert werden soll, liegt gerade »der größte Schutz für die Bewahrung [des echten Schaffens] als eines Unverlierbaren«. Je mehr sich also das »echte Schaffen« der Konfusion aussetzt, desto sicherer soll es vor dem unechten Schaffen sein. Das Ausgesetztsein schützt das Ausgesetzte und macht das (virtuell) Verlorene erst zum Unverlierbaren.

Diese bündige, zusammenfassende Formel verdeutlicht, daß Heidegger bereits eine bestimmte Konsequenz aus einem allgemeinen Gedanken zieht. Mindestens zwei Konsequenzen kann man nämlich aus diesem paradoxen und hyperbolischen Gedanken ziehen, der sich immer wieder für Heideggers Denken als bestimmend erweist (vorgeprägt ist er sicherlich in Hölderlin Vers vom Wachsen des Rettenden in der Nähe der Gefahr, aber auch in der dialektischen Erkenntnis, das Leben des Geistes sei solches nur, weil es den Tod ertrage und sich in ihm erhalte). Der Gedanke besagt, daß sich das Ausgesetzte allein in der Aussetzung erhält: entweder gibt es also kein Ausgesetztes, das sich rein erhält, oder das Ausgesetzte erhält sich nur um so reiner. Während man aus der Sicht der zweiten Konsequenz gegen die erste einwenden kann, das Antasten des Ausgesetzten rühre an die Aussetzung selbst, so daß man gar nicht wirklich von einer Aussetzung reden könne, läßt sich gegen die zweite Konsequenz aus der Sicht der ersten vorbringen, daß dort, wo das Ausgesetzte sich in der Aussetzung rein zu erhalten vermag, die Frage aufgeworfen werden muß, worin die Aussetzung dann noch besteht. Die zweite Konsequenz verleiht dem Gedanken seine bestimmte Wendung bei Heidegger. Es geht um das Bewahren und den Schutz des »echten Schaffens«, das heißt: des »echten Verschenkens« und des »echten Liebens«; Heidegger weist eigens darauf hin, daß Nietzsche das Lieben »oft im Wort des Schenkens und des Schenkenden« faßt.[1] Als ein sich bewahrendes, in und von der Aussetzung beschütztes, unverlierbares Mitteilen kann (folgt man Heideggers Interpretation des »Über-Menschen«) das Sich-Verschenken im liebend-schaffenden Typus des »Herrschenden« Gestalt annehmen und über den letzten Menschen Herr werden.

Leidenschaft ohne Affekt

Die Darlegung des mitteilenden Schaffens und schenkenden Liebens als ein Sich-Bewahren des Unverlierbaren, das Gestalt annimmt, ergänzt die Bestimmung der Liebe, die Heidegger im ersten Teil seiner Nietzsche-Vorlesung (»Der Wille zur Macht als Kunst«) einführt. Obwohl Nietzsche keinen distinkten Gebrauch der Begriffe des Affekts und der Leidenschaft macht, obwohl er dem »gewohnten Vorstellen« nachzugeben scheint und diese Begriffe als »beliebig vertauschbare Namen« verwendet, möchte sich Heidegger damit nicht begnügen. Für ein »wahrhaftes Wissen« darf es kein beliebiges Vertauschen geben. So unternimmt es also Heidegger selbst, im Geiste »wahrhaften Wissens« eine Unterscheidung zwischen Affekt und Leidenschaft zu treffen, welche die Kontingenz zurückweist. Die Liebe dient ihm als Beispiel. Wie die Liebe zum Verliebtsein, so soll sich die Leidenschaft zum Affekt verhalten. Als Leidenschaft, der im Gegensatz zum Affekt die Kontingenz fremd bleibt, ist die Liebe in dem Bereich des »wahrhaften Wissens« beheimatet: »Liebe ist nie blind, sondern hellsichtig; nur Verliebtheit ist blind, flüchtig und anfällig, ein Affekt, keine Leidenschaft. Zu dieser gehört das weit Ausgreifende, sich Öffnende [...] Dieser Ausgriff in der Leidenschaft hebt uns aber nicht einfach über uns weg, er sammelt unser Wesen auf seinen eigentlichen Grund, er eröffnet diesen erst in dieser Sammlung, so daß die Leidenschaft jenes ist, wodurch und worin wir in uns selbst Fuß fassen und hellsichtig

1 ebd., S. 390

des Seienden um uns und in uns mächtig werden.«[1] In *Sein und Zeit* ist der Begriff des Affekts – ist zumindest das Wort »Affekt« noch anders besetzt. Heidegger kommt auf die Affekte im Zusammenhang mit seiner fundamentalontologischen Analyse der Stimmung und der Befindlichkeit zu sprechen. Für eine vorwärts (oder rückwärts) gerichtete Phänomenologie, die von der Fundamentalontologie ihre Fundierung erhält, muß es darum gehen, das verdeckte Fundament aller bisherigen Affektenlehre freizulegen: »Die Weiterführung der Interpretation der Affekte in der Stoa, imgleichen die Überlieferung derselben durch die patristische und scholastische Theologie an die Neuzeit sind bekannt. Unbeachtet bleibt, daß die grundsätzliche ontologische Interpretation des Affektiven überhaupt seit Aristoteles kaum einen nennenswerten Schritt vorwärts hat tun können. Im Gegenteil: die Affekte und Gefühle geraten thematisch unter die psychischen Phänomene, als deren dritte Klasse sie meist neben Vorstellen und Wollen fungieren. Sie sinken zu Begleitphänomenen herab. Es ist ein Verdienst der phänomenologischen Forschung, wieder eine freie Sicht auf diese Phänomene geschaffen zu haben. Nicht nur das; *Scheler* hat vor allem unter Aufnahme von Anstößen *Augustins* und *Pascals* die Problematik auf die Fundierungszusammenhänge zwischen den ›vorstellenden‹ und ›interessenehmenden‹ Akten gelenkt. Freilich bleiben auch hier noch die existenzial-ontologischen Fundamente des Aktphänomens überhaupt im Dunkel.«[2]

Bedarf das »echte Schaffen« zur Selbstbehauptung eines in der Aussetzung vor aller Aussetzung geschützen Bewahrens seiner Echtheit und Reinheit, kann es als ein sich selbst bewahrendes Gestalt annehmen und gestaltend herrschen, gelten diese Bestimmungen des Schaffens auch für eine Liebe, die man ihrerseits »echt« nennen muß, so werden aus der ergänzenden Perspektive,

---

1 ebd., S. 59.

2 Martin Heidegger, *Sein und Zeit*, Tübingen 1979 (15. Auflage), S. 139 – Zu einer an Heidegger und der fundamentalontologischen Problemstellung ausgerichteten Annäherung an das Wesen der Liebe, vgl. vor allem: Giorgio Agamben, »La passion de la facticité«, in: *Heidegger. Questions ouvertes*, Paris 1988

die sich mit der Distinktion zwischen Leidenschaft und Affekt eröffnet, das Wesen und die Notwendigkeit des Herr-Werdens sichtbar. Das sich bewahrende und sich behauptende Echte wird in der Gestalt des Herrschenden nicht allein »über den letzten Menschen Herr«, über die Gestalt dessen, der nie »eigentlich« herrschen und folglich nie schaffen und lieben kann, gerade weil er stets einen Antagonismus perpetuiert. Das Herr-Werden des »eigentlich« Herrschenden besteht darin, sich nicht mehr »aus dem Gegensatz« zu einem anderen zu bestimmen. Der »eigentlich Herrschende« ist also nicht »Über-Mensch« im Sinne eines »Übergangs«, im Sinne einer Bestimmung, die den »künftigen Menschen« noch als einen »vom letzten [Menschen] herkommenden« faßt.[1] Diese Herrschaft, zu der Herrschendes, zu der Liebe als Leidenschaft gelangt, ist ein selbstbestimmendes »Über-sich-Herrsein«, ohne das es keine Selbstbewahrung und Gestaltung, kein Verschenken und Mitteilen, kein Abgeben und Verschwenden, kein Gründen und Stiften, kein Vor-werfen und Erfinden geben könnte.

Zwischen Wille und Entschlossenheit

Damit ist aber der Bezug zum Willen hergestellt. Die in ihrem Unterschied zum Affekt verstandene Leidenschaft (wenn der Affekt für die Kontingenz steht, entspricht dieses Verständnis sowohl dem Verständnis des »echten«, von der Kontingenz des bloßen Spiels und des äußeren Zwecks freien Schaffens, als auch dem Verständnis des »wahrhaften«, von der Kontingenz des begrifflichen Vertauschens unangetasteten Wissens) soll ein Licht werfen auf das, »was Nietzsche mit Willen zur Macht benennt«. Denn dieser »als das Über-sich-Herrsein ist niemals eine Abkapselung des Ich auf seine Zustände. Wille ist, wie wir sagen, Ent-schlossenheit, in der sich der Wollende am weitesten

1 Heidegger, *Nietzsche*, Band I, a. a. O., S. 390

hinausstellt in das Seiende, um es im Umkreis seines Verhaltens festzuhalten.«

An dieser Stelle, das heißt: nachdem er eine bei Nietzsche fehlende, für die gründende und begründete Erläuterung seines Denkens jedoch notwendige Distinktion zwischen Leidenschaft und Affekt, zwischen Liebe und Verliebtsein in den Diskurs eingebracht hat (nunmehr fällt erst Licht auf den Willen zur Macht), übersetzt Heidegger das Denken Nietzsches in seine »eigene« Sprache, in die Sprache von *Sein und Zeit*. Die Folgen dieser Übertragung, die sich ständig zwischen zwei Seiten oder zwei Ufern hin- und herbewegt, die Folgen dieses Verkehrs des Denkens (auf dem Spiel stehen nichts Geringeres als der »Wille« und die »Ent-schlossenheit«) sind unabsehbar. Wenn sich nämlich das Wesen des Willens zur Macht als Entschlossenheit und die Entschlossenheit damit als Wille zur Macht fassen lassen (Vertauschen der Namen, das nicht aus einem Mangel an »wahrhaftem Wissen« entspringt), gilt alles, was Heidegger in diesem Zusammenhang etwa über Liebe sagt, auch für sein »eigenes« Denken oder wenigstens für die Interpretation, die er davon zum Zeitpunkt der ersten Vorlesung über Nietzsche gibt (zweite Hälfte der dreißiger Jahre). Die Grenzen zwischen dem Übersetzten und der Übersetzung werden durchlässig; der Abstand zwischen dem Eigenen und dem Fremden, der Abstand zwischen den beiden Ufern oder Seiten, der Abstand, den das kongeniale, um- und einschließende »Wie-wir-sagen« markiert, der Abstand, der den »Willen« und die »Ent-schlossenheit« trennt und zusammenfügt, wird unendlich klein. Wer gibt hier wem (et)was ab? Der Umstand jedoch, daß ein Verkehr stattfindet und stattfinden muß, macht auch die entgegengesetzte These plausibel: der Abstand wird unendlich groß, die Grenzen verfestigen sich... Das »Wir« in der Formulierung »wie wir sagen« liest sich, wenn man auf die dramatischen Möglichkeiten achtet, welche die Textstelle birgt, wie ein unmöglicher Gleichklang, wie das gleichzeitige Einstimmen und jubelnde Verschmelzen der Stimmen in einer plötzlichen, blitzartigen, lange vorbereiteten und doch durch keine Absprache und keine Probe hergestellten Einstimmigkeit;

es erinnert an das sprachliche Phantasma eines einzigartigen Blitzes, in dem das spontan und simultan ausgesprochene »Ich liebe Dich« erstrahlt und verglüht.[1] Reicht nicht die (sprachliche) Unmöglichkeit einer absoluten, (die Sprache) verzehrenden Gleichzeitigkeit aus, um die Liebeserklärung immer schon der Nachträglichkeit auszusetzen, die sie zu einem gefährlichen und gefährdeten Akt macht, zu einer Chance, einem Glücksfall, einem Unglück?

Heidegger übersetzt also Wille mit Entschlossenheit; er fährt dann so fort: »Nicht der Anfall und die Aufregung sind jetzt kennzeichnend, sondern der hellsichtige Ausgriff, der zugleich eine Sammlung des Wesens ist, das in einer Leidenschaft steht.«[2] Die wahrhaft verstandene, in sorgfältiger und ernsthafter Umgrenzungsarbeit begriffene Leidenschaft erschließt den Willen oder die Ent-schlossenheit. Weil der Wille auch in Nietzsches Denken nicht ein Begriff neben anderen ist, weil der Wille das »Sein des Seienden in der überlieferten Metaphysik« und in Nietzsches Radikalisierung der metaphysischen Überlieferung bezeichnet, weil das Begreifen des Seienden »nach seinem Grundcharakter als Willen« keine »Ansicht von einzelnen Denkern [ist], sondern eine Notwendigkeit der Geschichte des Daseins, das sie begründen«,[3] muß von der einmal in ihrem wesentlichen Unterschied zum bloßen Affekt verstandenen Leidenschaft ein Licht auf den Willen und auf den Willen zur Macht fallen. Die Leidenschaft ist wesenhaft Wille und der Wille erweist sich in seinem Wesen als leidenschaftlich. Leidenschaft, Wille,

---

1 Vgl. Roland Barthes, *Fragments d'un discours amoureux*, Paris 1977, S. 179. Barthes spielt mit der Rede vom »*éclair unique*« auf Baudelaires Gedicht *La mort des amants* an, das man im Sinne Nietzsches als Ja zum Augenblick und damit zur Ewigkeit: zur ewigen Wiederkehr des Augenblicks deuten kann. »Denn es steht nichts für sich«, notiert Nietzsche, »weder in uns selbst noch in den Dingen: auch wenn nur ein einziges Mal unsre Seele wie eine Saite vor Glück gezittert und getönt hat, so waren alle Ewigkeiten nötig, um dies *eine* Geschehen zu bedingen – und alle Ewigkeit war in diesem einzigen Augenblick unseres Jasagens gutgeheißen, erlöst, gerechtfertigt und bejaht.« (*N*, III 893)

2 Heidegger, *Nietzsche*, Band I, a. a. O., S. 59

3 a. a. O., S. 46

Ent-schlossenheit sind drei Namen, die sich vertauschen lassen, ohne daß man dabei ins Beliebige abgleitet. Sie sind Namen der freigebenden Sammlung (Sammlung als Freigabe, Konzentration als Verschwendung). Die Sammlung und das Festhalten, die für die Leidenschaft und für den Willen kennzeichnend sind, das Fuß-Fassen und Über-sich-Herrsein, das Herrschen als ein öffnendes Gründen, das Mächtig-Werden über das Seiende »um uns und in uns«, sind also nicht jenes Festmachen, Stillstellen und Verfestigen des Lebens oder des Werdens und seiner Möglichkeiten, von dem Heidegger das »echte Schaffen« abzuheben sucht; vielmehr gilt: in dem Maße, in dem die Leidenschaft zurücknimmt, gibt sie frei. Diese Freigabe wiederum ist eine doppelte, sie ist ein Befreien, durch das die Sammlung unseres Wesens »auf seinen Grund« erst möglich wird, und sie ist der davon abhängige und untrennbare »Ausgriff in die Weite des Seienden«, durch den die Verschwendung sich als zur Leidenschaft gehörig ausweist. Die Sammlung befreit, zu der die sammelnde Leidenschaft frei macht. Solche doppelt befreiende und freigebende Leidenschaft unterscheidet sich freilich nicht allein vom Affekt, vom »blindlings aufregenden Anfall«; sie unterscheidet sich von sich selber, sie wird von einem Unterschied durchzogen, der auch den Willen durchziehen muß. Sie erhält (mit dem Willen) das Prädikat der Größe: »Weil die Leidenschaft uns ins Wesen zurücknimmt, in seine Gründe befreit und lockert, weil die Leidenschaft zugleich der Ausgriff in die Weite des Seienden ist, deshalb gehört zur Leidenschaft -gemeint ist: zur großen- das Verschwenderische und Erfinderische, das Abgebenkönnen nicht nur, sondern das Abgebenmüssen und zugleich jene Unbekümmertheit darum, was mit dem Verschwendeten geschieht, jene in sich ruhende Überlegenheit, die den großen Willen kennzeichnet.«[1]

1 ebd., S. 59-60

Einheit einer Lehre?

Wollte man nun (unter dem Blickwinkel der Liebe) die entscheidenden Züge aufzählen, die Heideggers komplexe Darstellung des Willens, der Leidenschaft und der Ent-schlossenheit bestimmen (sie regeln den dichten, überlasteten und zuweilen unübersichtlichen Verkehr oder Austausch, der zwischen seinem Denken und der von ihm dargestellten »Lehre« Nietzsches stattfindet), so müßte man vielleicht folgende Punkte besonders beachten:

1. In Heideggers Darstellung ist die Liebe nicht ein Thema oder ein Motiv, das sich in Nietzsches »Lehre« so findet wie andere Themen oder Motive auch. In dem Maße, in dem Nietzsches Denken eine Lehre bilden und der Wille als Sein des Seienden im Mittelpunkt der Lehre stehen soll, nennt die Liebe diese Lehre selbst.

2. Das Verschenken und Mitteilen, das die Liebe definiert, in dem sie sich aber ebensowenig erschöpft wie der Wille, wird von Heideggers Darstellung rückgebunden[1] an die herrschende und in ihrer Herrschaft sich bewahrende Gestalt. Deutungen, die eine solche Darstellung zum Ausgang nehmen, können sich zum Beispiel auf jenes (im Rückblick) politisch überbestimmte Fragment aus Nietzsches Nachlaß berufen, in dem (kurz bevor die Rede ist von dem »Mißverständnis der Liebe«, das »sklavische« und »göttliche« Liebe zusammenwirft) die aktive, schaffende, erfinderische Verausgabung als Prägung und Gestaltung beschrieben wird: »Der große Mensch fühlt seine Macht über ein Volk, sein zeitweiliges Zusammenfallen mit einem Volke oder einem Jahrtausende – diese Vergrößerung im Gefühl von sich als causa und voluntas wird mißverstanden als ›Altruismus‹ – es drängt ihn nach Mitteln der Mitteilung: alle großen Menschen sind erfinderisch in solchen Mitteln. Sie wollen sich hineingestal-

1 »Weil die Leidenschaft uns ins Wesen *zurück*nimmt [...]«

ten in große Gemeinden, sie wollen eine Form dem Vielartigen, Ungeordneten geben, es reizt sie, das Chaos zu sehn [...] Jene ungeheure Energie der Größe zu gewinnen, um, durch Züchtigung und andrerseits durch Vernichtung von Millionen Mißratener, den zukünftigen Menschen zu gestalten und nicht zugrunde zu gehn an dem Leid, das man schafft und dessengleichen noch nie da war!« (*N*, III 427f.)

3. Eine erste Konsequenz dieser Rückbindung kann man daran ablesen, daß das Mehr-Wollen, das die leidenschaftliche Liebe und den Willen charakterisiert, niemals in die Gefahr des Sich-Verlierens und des Verlustes, der Auslöschung und des Vergessens gerät. Als ein Mehr-Wollen sind Liebe und Wille gerade unverlierbar: »Leidenschaft hat nichts zu tun mit bloßer Begierde, ist nicht Sache der Nerven, der Erhitzung und Ausschweifung. All dieses, so aufgeregt es sich gebärden mag, rechnet Nietzsche zur Ermattung des Willens. Wille ist nur Wille als Über-sich-hinaus-Wollen, als Mehr-Wollen.«[1] Und: »Wollen ist immer ein Sich-zu-sich-selbst-bringen und damit ein Sich-befinden in dem Über-sich-hinweg, ein Sich-halten in dem Drängen von etwas weg zu etwas hin.«[2] Das Schema, dem die Rückbin-

---

1 ebd., S. 60. – Daß Heidegger hier zwischen Leidenschaft und »bloßer Begierde« unterscheidet, kann man als eine Anspielung auf Hegel verstehen, der die Begierde in der *Phänomenologie* bekanntlich als ein unentwegtes Mehr-Wollen, als den perpetuierten Mangel einer schlechten Unendlichkeit bestimmt: »In dieser Befriedigung aber macht (das Ich) die Erfahrung von der Selbständigkeit seines Gegenstandes. Die Begierde und die in ihrer Befriedigung erreichte Gewißheit seiner selbst ist bedingt durch ihn, denn sie ist durch Aufheben dieses Anderen; daß dies Aufheben sei, muß dies Andere sein. Das Selbstbewußtsein vermag also durch seine negative Beziehung ihn nicht aufzuheben; es erzeugt ihn darum vielmehr wieder, so wie die Begierde.« (G. W. F. Hegel, *Phänomenologie des Geistes*, in: ders., Theorie-Werkausgabe, Band 3, Frankfurt am Main 1970, S. 143). Die Ergänzung, durch die in Heideggers Formulierung die Leidenschaft sich nicht nur von der »bloßen Begierde« unterscheiden soll, sondern ebenfalls von der »Erhitzung« und »Ausschweifung«, spielt vielleicht auf die Ästhetik des Gesamtkunstwerks an, die in den *Nietzsche*-Vorlesungen behandelt wird (Vgl. dazu: Alexander García Düttmann, *Das Gedächtnis des Denkens. Versuch über Heidegger und Adorno*, Frankfurt am Main 1991, S. 244ff.).

2 Heidegger, *Nietzsche*, Band I, a. a. O., S. 63

dung des Verschwendens, Abgebens, Verschenkens, Mitteilens an die herrschende Gestalt folgt, ist in jedem Fall (im Fall der Leidenschaft, des Willens, der Macht[1], ja des Lebens[2]) das der unhintergehbaren »Schematisierung des Chaos« (von dem Nietzsche sagt, daß sein Anblick den Gestaltenden reizt und also fasziniert) und der eingrenzenden »Horizontbildung« (der Horizont wird, so Heidegger, »irgendwie durchmessen und in einem weiteren Sinne des ›Sehens und Blickens‹ ›durchblickt‹«; er »läßt auch erst durch sein durchsichtiges Beständiges hindurch das Chaos *als* Chaos erscheinen«[3]).

4. Heideggers Darstellung läßt sich nicht einfach als Darstellung eines Dargestellten begreifen. Weshalb? Weil das Dargestellte in der Darstellung selbst am Werk ist: die Ent-schlossenheit, der Wille, das Schaffen, die Gestaltung sind der Darstellung nicht äußerlich, sondern machen sie als solche aus. Mit anderen Worten: erst durch die immer schon sich selbst darstellende Darstellung, erst durch die Darstellung als Darstellung der Darstellung erhält Nietzsches Denken die Einheit einer Lehre, zu der es in Heideggers Augen allenthalben tendiert. Die Einheit der Darstellung und die Einheit des auf sich gestellten, in seiner unangreifbaren Stellung und unerschütterlichen Gestalt über sich hinauswollenden Willens sind eins. Deshalb vermag man wohl das Gesetz, das Heideggers Darstellung der Lehre Nietzsches (seinen ent-schlossenen Abschluß des unabgeschlossenen Denkens) beherrscht, in die Formel zu bringen: Der Wille ist Wille zur Darstellung, die Ent-schlossenheit Ent-schlossenheit zur Darstellung; die Darstellung aber ist Darstellung des Willens und der Ent-schlossenheit, sie ist Wille zum Willen und Ent-schlossenheit zur Ent-schlossenheit. Gibt es eine Lehre, die nicht die-

---

1 »Wo dagegen der Überfluß und die Fülle, d. h. das sich entfaltende Offenbaren des Wesens sich selbst unter das Gesetz des Einfachen bringt, will das Wollen sich selbst in seinem Wesen, *ist* Wille. Dieser Wille ist Wille zur Macht; denn Macht ist nicht Zwang und nicht Gewalt.« (ebd., S. 161)

2 »Lebendiges muß, um zu leben, um seiner selbst willen auf Beständiges drängen.« (ebd., S. 571)

3 ebd., S. 571f.

sem Gesetz untersteht? Heidegger stößt regelmäßig auf Stellen, an denen »wir deutlich [sehen], wie unbekümmert Nietzsche noch hinsichtlich einer *einheitlich begründeten Darstellung seiner Lehre* ist. *Wir wissen*, er macht sich erst auf den Weg dahin, er ist dazu *entschlossen*; diese Aufgabe ist ihm nichts Gleichgültiges und auch nichts Nachträgliches, *er weiß*, wie es nur einer der *Schaffenden* wissen kann, daß, was von außen her sich nur wie eine zusammenfassende Darstellung ausnimmt, erst die *eigentliche Gestaltung* der Sache ist, in der die Dinge so zusammenschießen, daß sie ihr eigentliches Wesen zeigen. Und trotzdem, Nietzsche bleibt unterwegs, und immer wieder ist ihm die unmittelbare Kennzeichnung dessen, *was er will*, vordringlicher. In solcher Haltung spricht er unmittelbar die Sprache seiner Zeit und der zeitgenössischen ›Wissenschaft‹. Dabei scheut er vor bewußten Übertretungen und einseitigen Fassungen der Gedanken nicht zurück, in der Meinung, auf diesem Wege das Andersartige seiner *Gesichte* und Fragen am deutlichsten gegen das Landläufige abzuheben. Doch er *überblickt* in solchem Vorgehen immer das Ganze und kann sich gleichsam die Einseitigkeiten leisten. Verhängnisvoll wird es, wenn die anderen, seine Leser, von außen solche Sätze aufgreifen und je nachdem, was Nietzsche ihnen gerade bieten soll, sie entweder als die einzige Meinung Nietzsches ausgeben, oder aber ihn auf Grund solcher vereinzelter Äußerungen allzu billig widerlegen.«[1] Was will Nietzsche? Ein genaues Lesen dieses programmatischen Passus muß die Frage aufwerfen, wen Heidegger eigentlich meint, wenn er behauptet, »er« wisse, daß das »von außen« als eine bloß »zusammenfassende Darstellung« Erscheinende in Wahrheit »die eigentliche Gestaltung der Sache« sei (der nie getrübte Blick für das Ganze ist kein äußerer, kontingenter Blick: die Schematisierung des Chaos und die Horizontbildung wird von der Darstellung selber geleistet). Wenn nämlich Nietzsche sich erst entschlossen auf den Weg zu einer solchen Gestaltung macht, wenn es der Entschlossenheit Heideggers bedarf, um diesen Weg

1 ebd., S. 61f. (meine Hervorhebungen, A. G. D.)

bis ans Ende zu gehen, bleibt die Gestaltung immer auch eine noch ausstehende, eine, die auf einen Leser wartet, der die Sätze des Denkers nicht »von außen« liest.[1]

5. Die Indizien für eine Kontingenz, die sich nicht einfach auf die Herrschaft, auf die Gestalt, auf die Einheit, auf das Ganze des Willens und der Darstellung zurückführen und durch sie rechtfertigen läßt, häufen sich, ohne daß ihnen Heidegger nachgeht. Drei mehr oder weniger hervorstechende Indizien, drei mehr oder weniger auffällige Spuren dieser Kontingenz seien genannt: die Verschwendung eines Willens, der aufgrund seiner keineswegs akzidentellen »Unbekümmertheit« das Verschwendete vielleicht nicht wiederzugewinnen und sich erneut zuzuführen vermag, das Mehr-Wollen als ein nicht allein auf sich selbst gerichtetes, zu sich selbst bringendes Über-sich-hinaus-Wollen, die äußerliche Entstellung einer in sich unvollendeten und darum der Äußerlichkeit ausgesetzten Darstellung.

Ein Verschwenden, das für den Willen keine Option ist, sondern eine Wesensnotwendigkeit ([...] »das Abgebenkönnen nicht nur, sondern das Abgebenmüssen [...]«), gefährdet die Einheit des Willens, weil er (das Unverlierbare) sich im Verschwenden selber unwiderbringlich verlieren muß ([...] »jene Unbekümmertheit darum, was mit dem Verschwendeten geschieht« [...]). Auf der einen Seite ist eine Verschwendung ohne unwiderbringlichen Verlust des Verschwendeten kein Verschwenden, sondern eine ökonomische Operation; auf der anderen Seite kann man nichts anderes verschwenden als jenes, was man nicht verschwenden kann, eben das Unverlierbare, den Willen: denn was wäre ein Verschwenden, das lediglich jenes verschwendet, was sich immer schon verschwenden (und verlieren) läßt? In der für ihn wesensnotwendigen Verschwendung setzt sich der Wille einer Kontingenz aus, die er als Einheit oder herrschende Gestalt nicht wollen

1 Zur Frage nach den Implikationen einer Darstellung von Nietzsches Denken als Lehre, vgl. etwa: Jacques Derrida, »Interpreting Signatures (Nietzsche/Heidegger)«, in: *Dialogue And Deconstruction. The Gadamer-Derrida Encounter*, ed. Michelfelder/Palmer, State University of New York Press, Albany 1989, S. 58ff.

kann. Lassen sich dann aber noch die Unterscheidungen zwischen Herrschaft und Ermattung des Willens, zwischen Leidenschaft und Begierde, ja zwischen Liebe und Affekt in ihrer jeweiligen Ausschließlichkeit aufrechterhalten?

Die Verschwendung zeigt das Wesen des Willens an: sein Mehr-Wollen als Über-sich-hinaus-Wollen; einzig ein Wille, der mehr und der über sich hinaus will, mag sich verschwenden. Heidegger grenzt bei der Erörterung dieser Bewegung der Selbstranszendenz den Blick allerdings auf eben das Selbst ein. Fällt indes die Verschwendung des Willens als unwiderbringliche Verschwendung des Unverlierbaren nicht auch mit dem Mehr-Wollen zusammen? Ist das Über-sich-hinaus-Wollen nicht ein Sich-Verschwenden des Willens? Ist die Kontingenz nicht dieser eigentümlichen Selbsttranszendenz einbeschrieben? Wie aber verhält sich dann der Wille in seinem Mehr-Wollen zu sich selbst, wie verhalten sich das Zu-sich-selbst und das Über-sich-hinweg zueinander?

Was Heidegger später »Gelassenheit« nennt, soll einen Bereich eröffnen, in dem weder der Wille noch ein negatives, auf den Willen bezogenes Nicht-Wollen herrschen. Dieser Bereich wird darum auch nicht von den Grenzen eines Horizonts umgeben. Der Hinweis auf Meister Eckhart und die Abgrenzung von ihm (von seiner Losung »Laß dich!«) soll davon abhalten, diese Gelassenheit als eine des Willens, des Eingehens in den Willen Gottes zu denken. »Das allein (aber erst) wäre ein vollkommener und wahrer Wille«, heißt es in Meister Eckharts »Reden der Unterweisung«, »daß man ganz in Gottes Willen getreten und ohne Eigenwille wäre.« Und: »Dann ist der Wille vollkommen und recht, wenn er ohne jede Ich-Bindung ist und wo er sich seiner selbst entäußert hat und in den Willen Gottes hineingebildet und -geformt ist. Ja, je mehr dem so ist, desto rechter und wahrer ist der Wille. Und in solchem Willen vermagst du alles, es sei Liebe oder was du willst.«[1] Wie verhält sich nun die Gelassen-

1 Meister Eckhart, *Deutsche Predigten und Traktate*, herausgegeben und übersetzt von Joseph Quint, Zürich 1979, S. 69 und 66

heit, die außerhalb eines jeden Willens bleibt, zu dem Willen, der (um sich einer unzureichenden Sprache zu bedienen) außerhalb seiner selbst steht, weil seine Einheit einer wesentlichen Kontingenz ausgesetzt ist?[1]

Sind die Übertreibungen und »einseitigen Fassungen der Gedanken«, die den Leser in die Position der Äußerlichkeit und der kontingenten Isolierung »vereinzelter Äußerungen« zu rücken drohen, nicht ebenfalls ein Zeichen für eine dem Willen und damit der Darstellung inhärente Entstellung, das die Ent-schlossenheit zur Lehre als ein irreduktibles, nie befriedigtes Mehr-Wollen des in seiner Gestaltung scheiternden Willens erscheinen läßt? Weshalb muß man vor der Äußerlichkeit überhaupt warnen, weshalb ist die Äußerlichkeit gefährlich, weshalb teilt Heidegger die Ent-schlossenheit (mit) Nietzsche (mit)? Kann man je wirklich entscheiden, was man will?

Wollte man eine der Intentionen, die in diesen Fragen zum Ausdruck kommen, in eine Aussage oder in eine These verwandeln, könnte man behaupten, daß Heideggers Darstellung über eine *notwendige Kontingenz* hinwegtäuscht, die sie unablässig verrät.

Aus der Perspektive, die eine solche These aufreißen würde, ließe sich Heideggers Gleichsetzung der Ent-schlossenheit mit dem Willen zum Anlaß nehmen, um den Begriffen der Kontingenz und des Zufalls in *Sein und Zeit* nachzugehen. Den Begriff der Kontingenz behält Heidegger (wie es scheint) der Kennzeichnung des »Vorhandenen« vor. Er gehört in den ontologischen Bereich einer Möglichkeit, die »niedriger als Wirklichkeit und Notwendigkeit« ist. Mit dem Dasein kann nicht »das und jenes ›passieren‹«: »Dasein ist nicht ein Vorhandenes, das als Zugabe noch besitzt, etwas zu können, sondern es ist primär Möglichsein. Dasein ist je das, was es sein kann und wie es seine Möglichkeit ist. Das wesenhafte Möglichsein des Daseins betrifft

1 Zu der Frage nach der Herrschaft, der Stellung und der Einheit des Willens bei Nietzsche, vgl. auch und besonders: Werner Hamacher, »›Disgregation des Willens‹. Nietzsche über Individuum und Individualität«, in: *Nietzsche-Studien*, Band XV, Berlin 1986

die charakterisierten Weisen des Besorgens der ›Welt‹, der Fürsorge für die anderen und in all dem und immer schon das Seinkönnen zu ihm selbst, umwillen seiner. Das Möglichsein, das je das Dasein existenzial ist, unterscheidet sich ebensosehr von der leeren, logischen Möglichkeit wie von der Kontingenz eines Vorhandenen, sofern mit diesem das und jenes ›passieren‹ kann. Als modale Kategorie der Vorhandenheit bedeutet Möglichkeit das *noch nicht* Wirkliche und das *nicht jemals* Notwendige.«[1] Dagegen fällt dem entschlossenen Dasein »das aus der Mit- und Umwelt« zu, was »wir Zufälle nennen«.[2] Dem Unterschied zwischen Dasein und Vorhandenheit, zwischen der Möglichkeit als einer »geworfenen« und der Möglichkeit als einer modalen Kategorie der Vorhandenheit korrespondiert der zwischen Zufall und Kontingenz. Noch dem an das Man verfallenen Dasein kann nichts Kontingentes widerfahren, noch der uneigentlichen Existenz kann nicht dieses und jenes passieren. Sie »verliert sich an die nächsten ›Gelegenheiten‹ und bestreitet das Dasein aus der Verrechnung der ›Zufälle‹«. Ihr »Gewärtigen« ist ein »Ungewärtigen« und »Vergessen«: unentschlossen, versteht sie sich »aus den begegnenden und wechselnd sich andrängenden nächsten Begebenheiten und Zu-fällen.«[3] Daß Heidegger in dem zuletzt zitierten Satz das Wort Zufall nicht in Anführungszeichen setzt, daß er es mit einem Bindestrich schreibt, obwohl es doch in diesem Satz um das verfallene Dasein geht, bekräftigt im Grunde den ontologischen Unterschied, den er zwischen Kontingenz und Zufall macht. Das »Zu-fallen« im Sinne dessen, was der Entschlossenheit widerfährt, genauer: was die Entschlossenheit sich widerfahren läßt, hängt mit deren Erschließungskraft unmittelbar zusammen. Die allgemeine Frage, die sich stellt, ist also folgende: Ermöglicht die Erschließungskraft des entschlossenen Daseins erst die Erfahrung des Zufalls oder kann man von einem Zufall nur dort wirklich sprechen, wo er jener Kraft noch widersteht und damit in die Nähe der Kontingenz gerät?

1 Heidegger, *Sein und Zeit*, a. a. O., S. 143
2 ebd., S. 300
3 ebd., S. 410

Vergessen

»Ich liebe Dich«: Wenn die leidenschaftliche Liebe mehr will als Geliebtwerden, wenn das Mehr-Wollen der Liebe sich niemals mit ihrer Reflexion begnügt, wenn es nicht ihr Spiegelbild sucht[1] und nicht ihre Spekulation ist, ihr Sich-selbst-Wissen-im-Anderen (»und er selbst liebte nur nicht genug: sonst hätte er weniger gezürnt, daß man ihn nicht liebe. Alle große Liebe *will* nicht

1 Narzißtische Objektwahl hat, so Freud, Geliebtwerden zum Ziel; zugleich aber wirkt sich die »Abhängigkeit vom geliebten Objekt« auf die Reflexion des Narzißmus aus. Die Asymmetrie, die durch die Abhängigkeit vom geliebten Objekt und dessen Selbständigkeit entsteht und die an die Logik der Begierde erinnert, die in der *Phänomenologie* entfaltet wird, schreibt vielleicht das Mehr-Wollen in die ersetzende Reflexion ein: »Wer liebt, hat sozusagen ein Stück seines Narzißmus eingebüßt und kann es erst durch das Geliebtwerden ersetzt erhalten.« (Sigmund Freud, »Zur Einführung des Narzißmus«, in: ders., *Studienausgabe*, Band III, Frankfurt am Main 1975, S. 65) Mindestens zwei hermeneutische Strategien – mindestens zwei Straetegien, deren eine hermeneutisch ist und deren andere der Hermeneutik nicht mehr einfach untersteht, ergeben sich aus einer solchen Deutung der Psychoanalyse. *Entweder* man erblickt im Mehr-Wollen ein Abfallen, einen Schein, eine Negativität, eine Ablenkung, eine Perversion, *oder* man erkennt seine unaufhebbare Notwendigkeit an. *Entweder* man versteht die platonisierende Interpretation des Narziß-Mythos, die man zum Beispiel bei Marsilius Ficinus findet, im Sinne des Mehr-Wollens, das der ersetzenden Reflexion einbeschrieben ist, *oder* man versteht dieses Mehr-Wollen selbst im Sinne jener Interpretation. Marsilius Ficinus, der den tradierten Narziß-Mythos auslegt, schreibt in seinem *De Amore*, die Seele könne dann nicht ihr Begehren befriedigen, wenn sie der Verwechslung erliege zwischen dem Bild der Schönheit, das die körperliche Gestalt liefert, und der Schönheit selbst, die ihre eigene Schönheit ist: »Cumque id minime advertat, dum aliud quidem cupit, aliud sequitur, desiderium suum explere non potest.« (*Commentarium Marsilii Ficini Florentini in Convivium Platonis, de Amore*, zweisprachige Ausgabe lateinisch/französisch, herausgegeben von Raymond Marcel, Paris 1956, S. 235) Man begehrt oder will etwas und verfolgt doch etwas anderes, man will folglich immer mehr (oder weniger) als man will. Verhält sich dies deshalb so, weil eine äußere Abhängigkeit besteht, die man als Schein durchschauen und aufheben kann, die also noch ein Reflektieren ist (Narzißmus als Perversion der Liebe), oder vielmehr deshalb, weil die äußere Abhängigkeit, die Selbständigkeit des äußeren Objekts, unaufhebbar und undurchschaubar ist, und man nie genau bestimmen kann, was man eigentlich will und begehrt (Liebe als Perversion des Narzißmus)?

Liebe – die will mehr«); wenn das Mehr-Wollen sich andererseits nicht einfach an eine Gestalt des Willens und der Liebe rückbinden läßt, wenn es diese Gestalt nicht jedes Mal durch seine Bewegung stärkt, bestätigt und behauptet, dann besteht die Gefahr der Liebeserklärung für die (All)Gemeinheit gerade darin, daß sie zwangsläufig immer etwas anderes sagt. Nicht nur, weil die (All)Gemeinheit ein selber prekärer und unstabiler Begriff ist, nicht nur, weil ihre Genese nicht restlos in sie eingeht und sie sich ihr gegenüber heterogen verhält[1], sondern vor allem weil die Liebe als ein Mehr-Wollen nie sich selber meint und auf sich selber (im Anderen) sich bezieht. Die radikalste Fassung dieses Gedankens ist vielleicht die, die in der Liebe eine (vor)ursprüngliche Ver-Änderung erblickt. Denn als solche ist die Liebe stets schon dem Vergessen anheimgegeben und gefährdet jedes (all)gemeine Verstehen *vor* aller Verständigung. Die unablässig um die Liebe kreisenden Gespräche der Liebenden werden vielleicht von diesem Vergessen gezeitigt. »Ich liebe Dich«: unmögliche Aktualisierung dessen, was sich jeder Aktualität, jeder Unmittelbarkeit, jeder Gegenwart entzieht.

Restitution und Restauration

Freilich: das Mehr-Wollen läßt sich ebenfalls in einem trivialen Sinne als Wille, Besitz vom anderen zu ergreifen, auslegen, und in einem weniger trivialen, eigentlich idealistischen Sinne als eine von der Liebe gesuchte Wiederherstellung der ursprünglichen, verlorengegangenen Einheit.

Die idealistische Auslegung hat eines ihrer Paradigmen zweifellos im *Symposion*, das Nietzsche in einem frühen autobiographischen Blatt (1864) als seine »Lieblingsdichtung« bezeichnet (*N*, III 118). Eros, der sich in Diotimas wiedergegebener Rede

1 Die Heterogenität, die Genese und Geltung auseinanderhält, ist auch und zunächst eine Form der Gewalt, der gewaltsamen Be- und Ueberwältigung von Kräften (»In allen Seelen hat eine gleiche Anzahl oft wiederkehrender Erlebnisse *die Oberhand gewonnen*...« – meine Hervorhebung, A. G. D.).

bekanntlich durch seine dämonische Mittelstellung von den unsterblichen Göttern und den sterblichen Menschen, von Unendlichkeit und Endlichkeit unterscheidet; Eros, der aufgrund seiner Herkunft dem Mangel gesellt bleibt und dem Schönen nachstellt, begehrt das Schöne, das Gute, die Weisheit (philo-sophische Bestimmung der erotischen Liebe). In der Schau des Eingestaltigen und Ewigen, des *eidos*, beruhigt sich das liebende Streben dessen, der den Namen aller Namen des Willens und des Begehrens trägt, die auf das Gute und damit auf Weisheit und Schönheit zielen. Daß die Liebe mehr will als Liebe, bedeutet also in diesem paradigmatischen Kontext, daß die Liebe sich nicht zufriedengibt mit dem Geliebtwerden durch das verkörperte Schöne. Als Begehren des entzweiten Ganzen (Rede des Aristophanes), als Emporsteigen zum Einen (Rede der Diotima in der Rede des Sokrates), ist die erotische Bewegung eine restituierende oder zurückführende. Ihr Mehr, ihr Überschießendes und Mangelhaftes, durch das sie Verkehrsbedingungen schafft, wird schließlich von der wiederhergestellten Einheit gänzlich aufgenommen. Deshalb gelangt die Liebe am Ende doch zu sich selber, zu ihrer Wahrheit oder zur Wahrheit schlechthin, auf die sie sich richtet. Während die Vorstellung von der (vor)ursprünglichen Ver-Änderung und dem Vergessen der Liebe deren Mehr-Wollen *nicht* einem erfüllenden Verschwinden in der Aufhebung aller Bewegung zuführt, während sie dieses Mehr-Wollen gerade in seiner absoluten Vorgängigkeit erhält, hat die Vorstellung von der Restitution einer Ur-Einheit und von der Zusammenführung des Getrennten, das in seiner Getrenntheit zunächst gleichgültig verharrt,[1] das Mehr-Wollende virtuell immer schon auf eine solche Einheit abgerichtet und folglich durchstrichen.

1 Die unsterblichen Weisen (die Götter) und die sterblichen Unwissenden haben diese Gleichgültigkeit gemein. Beiden bleibt das Begehren fremd, das Begehren dessen, woran es dem Unwissenden mangelt. Erst als ein Begehrender erfährt man sich als ein Getrennter. Die Wissend-Unwissenden, welche die Weisheit begehren, machen eine Erfahrung, welche die Weisen und die Unwissenden nie machen können; in dem Maße allerdings, in dem das Unwissen ein negativer Begriff ist, ein Begriff nicht für einen absoluten, sondern für einen relativen Mangel, muß man sagen: getrennt sind auch die Unwissenden, ohne es zu wis-

Zu der Geschichte der philosophischen Denkgebilde, die in der Liebe die Möglichkeit einer (Wieder)Herstellung der Ganzheit erblicken, gehört sicherlich auch ein frühes Fragment Hegels über das Stiften einer Religion: »Die theoretischen Synthesen werden ganz objektiv, dem Subjekt ganz entgegengesetzt. Die praktische Tätigkeit vernichtet das Objekt und ist ganz subjektiv – nur in der Liebe allein ist man eins mit dem Objekt, es beherrscht nicht und wird nicht beherrscht [...] Jene Vereinigung kann man Vereinigung des Subjekts und Objekts, der Freiheit und Natur, des Wirklichen und Möglichen nennen. Wenn das Subjekt die Form des Subjekts, das Objekt die Form des Objekts behält, die Natur immer noch Natur ist, so ist keine Vereinigung getroffen. Das Subjekt, das freie Wesen, ist das Übermächtige, und das Objekt, die Natur, das Beherrschte.«[1]

Hölderlins Prosaentwurf zur metrischen Fassung des *Hyperion* endet mit der Behauptung der überwindend-vereinigenden, das Endliche mit dem Unendlichen versöhnenden Macht der Liebe: »Wir können den Trieb, uns zu befreien, zu veredlen, fortzuschreiten ins Unendliche, nicht verläugnen – das wäre thierisch, wir können aber auch den Trieb bestimmt zu werden, zu empfangen, nicht verläugnen, das wäre nicht menschlich. Wir müßten untergehn im Kampfe dieser widerstreitenden Triebe. Aber die Liebe vereinigt sie. Sie strebt unendlich nach dem Höchsten und Besten, denn ihr Vater ist der Überfluß, sie verläugnet aber auch ihre Mutter die Dürftigkeit nicht [Anknüpfung an den Mythos von der Geburt des Eros, wie er im *Symposion* wiedergegeben wird; in der Vorrede zur vorletzten Fassung, in der «der Herausgeber» den «heiligen Plato» um Vergebung bittet, weil «schwer an (ihm) gesündigt» worden ist, wird der platonische Gedanke der Schönheit im Sinne einer Wiedererlangung

---

sen – ohne um Eros zu wissen. Kann es jenem, dem es aufgrund der absoluten Fülle seines Wesens an nichts mangelt, am Mangel mangeln? Gibt es absolute Fülle oder absoluten Mangel? Kann der Mangel in eine Fülle ohne Mangel überführt werden?

1 Hegel, *Frühe Schriften*, in: ders., Theorie-Werkausgabe, Band 1, Frankfurt am Main 1971, S. 242

der «seeligen Einigkeit» des «Seyns, im einzigen Sinne des Worts» gedeutet: Vereinigung des Selbst mit der Welt, mit der Natur.] Jenes höchste Bedürfnis unseres Wesens, das uns dringt, der Natur eine Verwandschaft mit dem Unsterblichen in uns beizulegen, und in der Materie einen Geist zu glauben, es ist diese Liebe.«[1]

Als ursprüngliche Liebe, die von der Kritik der Religion aufgedeckt wird, von dem Nachweis, daß der »Gegensatz des Göttlichen und Menschlichen« in Wahrheit ein illusorischer ist, einer, in dem der Gegensatz zwischen dem »menschlichen Wesen und dem menschlichen Individuum« zum Ausdruck kommt, ist für Feuerbach die Liebe des Menschen zum Menschen, das *homo homini deus est,* »das höchste und erste Gesetz«, der »oberste praktische Grundsatz«, ja: »der Wendepunkt der Weltgeschichte«.[2] Die Liebe, eine höhere Macht und Wahrheit als die Gottheit, weil sie Gott überwindet (der christliche Gott opfert ihr »seine göttliche Majestät«[3]), stiftet die Einheit der Gattung, die Marx in den *Thesen über Feuerbach* wiederum als »Abstraktum«, als »innere, stumme, die vielen Individuen *natürlich* verbindende Allgemeinheit« kritisiert[4]; die Selbstvergegenständlichung des Menschen, durch die der Mensch dann zum Gegenstand eines »anderen Wesens« wird, bewirkt, daß diese Einheit von einer vorläufigen, künstlichen, falschen Grenze durchzogen und von sich selber getrennt wird. Diese Grenze schafft das Geheimnis, das »Geheimnis der Religion«, das Feuerbachs Kritik verraten möchte, indem sie (wie alle Kritik) »Wahres vom Falschen« zu

---

1 Friedrich Hölderlin, *Sämtliche Werke und Briefe*, Band I, herausgegeben von Michael Knaupp, München 1992, S. 514. Ich danke meinem Freund Eckart Förster fuer den Hinweis auf diese Stelle. [A. G. D.]

2 Ludwig Feuerbach, *Das Wesen des Christentums*, in: ders. Sämtliche Werke, Band VI, Stuttgart-Bad Cannstatt 1960, S. 326

3 ebd., S. 65

4 Zu Feuerbachs eigenem Widerstand gegen das »abstrakte Denken«, zu der Bedeutung, die sein Denken dem Begriff der Sinnlichkeit zumißt (Marx hält diesem Begriff bekanntlich einen Mangel an Vermittlung durch die gesellschaftlich-geschichtliche Praxis vor), vgl. Alfred Schmidt, *Emanzipatorische Sinnlichkeit*, München 1971, *passim*.

scheiden sucht: »Das göttliche Wesen ist nichts Anderes als das menschliche Wesen oder besser: das Wesen des Menschen, abgesondert von den Schranken des individuellen, d. h. wirklichen, leiblichen Menschen, vergegenständlicht, d. h. angeschaut und verehrt als ein anderes, von ihm unterschiedenes, eigenes Wesen – alle Bestimmungen des göttlichen Wesens sind darum Bestimmungen des menschlichen Wesens.«[1] Die Überwindung der falschen Grenze ist ein wahrhaftes Überwinden der »Schranken der Individualität oder Persönlichkeit«, es ermöglicht die verehrende Liebe zum menschlichen Wesen, die »universale« Liebe, und wird also von dieser bereits ermöglicht. Liebe: Macht der Restitution und Restauration, der Überwindung und vereinheitlichenden Entschränkung.

Auch bei Schopenhauer wird das Ding an sich, der Wille, der in der Geschlechtsliebe als jener einheitliche Geist der Gattung wirkt, auf den Nietzsche in seiner Genealogie der (All)Gemeinheit anspielt, über seine Erscheinungen hinweggehoben und zu seiner grundlegenden Einheit zurückgeführt, indem das Mitleid (die allgemeine Menschenliebe) das beschränkende *principium individuationis* durchschaut. Freilich sucht Schopenhauer in letzter Konsequenz nicht die Bejahung, sondern die befreiende Verneiung des Willens und das quietistische Eingehen in das Nichts.

»Unbedingtes Vetrauen«

Im Rückblick auf das bisher Entfaltete könnte man summarisch feststellen, die Frage nach der Liebe und ihrer Gefahr sei (bei Nietzsche) aufs engste mit der Frage der Genealogie verknüpft, wenn die Genealogie der (All)Gemeinheit in jeder als genealogisches Verfahren beschriebenen Untersuchung des Verhältnisses von Genese und Geltung bereits impliziert ist.

Ist die Gefahr der Liebe die, daß man sich über sie unablässig

---

1 ebd., S. 17

verständigen muß, weil man sich über sie nicht oder nicht endgültig zu verständigen vermag (man denke an ihre wesentliche Vielfalt und an die Konsequenzen eines Mehr-Wollens, das als [vor]ursprüngliche Ver-Änderung wirkt); kann die Erfahrung der Liebe, mit Wittgenstein zu reden, eine Verschiebung des Flußbetts zur Folge haben, ja eine Auflösung der unsicheren Grenzen zwischen Fluß und Flußbett, die beide ihrem Verschwinden aussetzt, zeichnen sich zwei Möglichkeiten ab, sich zu dieser Erfahrung und zu dieser Gefahr – sich bei dieser Erfahrung und in dieser Gefahr zu verhalten.

1. Der Nihilist wird auf den Satz »Ich liebe Dich« stets mit der In-Frage-Stellung der Liebe antworten. »Liebe, gibt es das?« Er wird die Liebe mit ihrer eigenen Abschaffung identifizieren (rein negativer Wert des Scheins, der Täuschung und der Illusion), er wird das Sich-Verschließen jeder Öffnung zum anderen bestätigen und die Zerstörung der Andersheit betreiben, er wird sich so dem Nichts überantworten.

2. Jener, der die Gefahr der Auflösung als Gefahr erfährt und die Erfahrung nicht schon mit einem Ergebnis, eben mit der Auflösung verwechselt, wird die Liebe als ein ferngerücktes Vertrauen erfahren, als ein Vertrauen, das mit sich selber nicht einfach zusammenfällt und das dadurch gerade Vertrauen ist. Wittgenstein behauptet, ein Sprachspiel sei nur möglich, »wenn man sich auf etwas verläßt« – was nicht heißen soll, daß man sich auch »auf etwas verlassen kann«[1]. Verläßt man sich nicht dann erst auf etwas, wenn man sich nicht darauf verlassen *kann*, wenn die »Mythologie« in Fluß zu geraten vermag und die Grenzen zwischen Fluß und Flußbett verschwimmen? Vielleicht ermöglicht die gefährliche, jede »Mythologie« und jede (All)Gemeinheit aussetzende Erfahrung der Liebe jenes, was Nietzsche das »unbedingte Vertrauen« nennt. In diesem Vertrauen soll die »volle Seligkeit der Liebe« liegen (*N*, I 1164). Um sich abzuheben von dem bloßen Kalkül einer Investition, darf Vertrauen auf der einen

1 Wittgenstein, *Über Gewißheit*, a. a. O., S. 131

Seite sich auf nichts stützen, was ihm Sicherheit gewähren könnte. Es muß aus der Erfahrung einer gefährlichen Aussetzung der (All)Gemeinheit erwachsen und sich in ihr halten. Das Vertrauen ist darum immer die »ungeheure, nie geglaubte und glaubliche Ausnahme« (ebd.), als die Nietzsche die selige Liebe faßt, die nur von »tiefmißtrauischen, bösen und galligen« Menschen erfahren wird: Gabe oder Geschenk. Auf der anderen Seite ist die Unbedingtheit solchem Vertrauen kein bloß äußeres, von ihm ablösbares Attribut. Aus zwei Gründen: einmal, weil Vertrauen, das nicht ein Moment des Unbedingten in sich aufweist, nicht viel mehr ist als eine veranstaltete Aufhebung des Unglaubens und Mißtrauens, dann aber, weil ein Vertrauen, das sich an der Erfahrung einer Aussetzung der (All)Gemeinheit, eines Flüssigwerdens aller Grenzen mißt, gerade deshalb ein unbedingtes sein muß. Je weniger das Vertrauen auf Gegebenheiten und Gewißheit sich berufen und verlassen kann, desto mehr ist es ein solches und desto unbedingter nimmt es sich aus.

Das unbedingte Vertrauen, das die Liebe als gefährliche, die sprachliche (All)Gemeinheit aussetzende oder suspendierende Erfahrung definiert, bedarf also einer Entfernung, um nicht sich selber zu erliegen. Diese eigentümliche Entfernung, die es von sich trennt und durch die es allein fortbesteht, dieses Mißtrauen im Vertrauen, mag zuweilen die Gestalt des Polemischen oder Ironischen annehmen. Nietzsche erkennt der Musik die Macht eines solchen notwendigen Entfernens zu: »Das unbedingte Vertrauen macht stumm [man denkt an die Formulierung: «was Liebe heißt in allen Sprachen und Stummheiten dieser Welt...»]; ja, selbst ein Leiden und eine Schwere ist in diesem seligen Stummwerden, weshalb auch solche vom Glück gedrückten Seelen der *Musik* dankbarer zu sein pflegen als alle anderen und besseren: denn durch die Musik hindurch sehen und hören sie, wie durch einen farbigen Rausch, ihre Liebe gleichsam *ferner*, rührender und weniger schwer geworden.« (ebd.) Ohne die Kluft, die durch das Entfernen und den entfernten Anblick entsteht, könnte kein Geschenk angenommen werden. Es gibt nicht allein eine in ihrer Kälte leuchtende und in ihrem Leuchten finstere Einsamkeit der Übervollen, es gibt nicht allein eine Armut und einen Mangel, eine schweigsame Unseligkeit der Schenkenden, die sich nach dem Dunklen und Nächtigen sehnen, nach dem, »was Wärme schafft aus Leuchtendem«. Es gibt auch eine Einsamkeit der Beschenkten. Das Lied des Schenkens erwacht dort, wo sich die Liebenden (die Beschenkten und Schenkenden, die Schenkenden, die beschenkt worden sind) lieben können, weil sie sich voneinander – von ihrer Liebe entfernen. Die Entfernung ist ein Gift, das hemmt und verschließt, das stimuliert und öffnet. »Nacht ist es: nun erst erwachen alle Lieder der Liebenden. Und auch meine Seele ist das Lied eines Liebenden. Also sang Zarathustra.« (*N*, II 364)

Notwendigkeit des Kontingenten

Die Liebe (das bedingt-»unbedingte Vertrauen«) ist folglich *beides zugleich*, eine Gefährdung der (All)Gemeinheit, die diese der Kontingenz aussetzt, und eine aktive Bejahung der Kontingenz selber. Es gibt also nie zureichende Gründe dafür, einen bestimmten Menschen zu lieben; jeder Versuch, auf die Frage »Warum liebst Du X?« mit der Aufzählung zureichender Gründe zu antworten, ist nicht nur zum Scheitern verurteilt: Frage und Antwort verraten bereits die Liebe.

Vielleicht liebt einzig jener, der die Kontingenz bejaht – und damit die Wiederkehr des Bejahten und die durch das Wiederkehren des Kontingenten stets erneut erforderte Genealogie (der Liebe). Führt doch, Nietzsche zufolge, das Ja-Sagen »zu einem einzigen Augenblick« die Bejahung und das Gutheißen »allen Daseins« mit sich. Das Kontingente, der Augenblick, den »alles Dasein« bedingt, alle »Ewigkeiten«,[1] läßt sich nie isoliert bejahen und gutheißen; man kann nichts bejahen und gutheißen, was sich vollkommen abtrennt: die absolute, bedingungslose Affirmation

1 Das Bedingen des Augenblicks ist freilich nicht im Sinne einer Kausalität oder einer Teleologie zu verstehen.

und Rechtfertigung des Kontingenten, seine loslösende Erlösung, ist keine des Absoluten. Verabsolutierung ohne Absolutes, kontingente Notwendigkeit des Kontingenten, Notwendigkeit des Kontingenten,[1] die selber weder kontingent noch notwendig ist: das Ja, durch das die Notwendigkeit erst zu einer solchen wird (ein Ja als bloße Bestätigung einer bereits vorhandenen Notwendigkeit würde sich selber im voraus auslöschen), steht und steht nicht einfach in dem Raum und in der Zeit, in denen die Notwendigkeit des Kontingenten herrscht und in denen sich die ewige Wiederkehr des Augenblicks ereignet, der eingebettet ist in das Dasein überhaupt. Die Kontingenz des Ja, das kein Gesetz vorzuschreiben vermag, ist zugleich die Notwendigkeit, die es als Bejahung der Notwendigkeit des Kontingenten in das Geschehen der ewigen Wiederkehr einfügt. Das Ja ist der *bejahte* Augenblick, der ewig wiederkehrt, es ist das ewige Wiederkehren des Ja.

Setzen aber am Ende diese Paradoxien (die Paradoxien des *amor fati*[2]) noch eine Verabsolutierung des Daseins voraus? Wie

1 Die Formel »Notwendigkeit der Kontingenz« wird zum Beispiel in der Soziologie von Niklas Luhmann gebraucht, um die paradoxe Welt oder die Welt des Paradoxons zu beschreiben, in der gesellschaftliche Systeme operieren. Luhmann spricht dabei von der »soziologischen Rekonstruktion« eines »berühmten theologischen Problems« und verweist auf Arbeiten über Notwendigkeit und Kontingenz bei Thomas von Aquin und Duns Scotus. Die »soziologische Rekonstruktion« hat folgende Gestalt: »Communication and meaning are different ways of creating *redundancy*. Communication creates redundancy by conferring information to other systems. Third parties, then, have a choice of whom to ask. Meaning creates redundancy by implying a surplus of further possibilities which nobody will be able to follow up all at once. In view of this redundancy which is continuously reproduced by meaning-based communication every next step has to be a *selection* out of other possibilities. Within the world created by the operations of this system every concrete item appears as *contingent*, as something that could be different. Societies, therefore, operate within a *paradox world*, the paradox being the *necessity of contingency*.« (Niklas Luhmann, *Essays On Self-Reference*, Columbia University Press, New York-Oxford 1990, S. 147)

2 Karl Jaspers insistiert in seinem Nietzsche-Buch darauf, daß man die Notwendigkeit des *fatum* nicht mit einer Kategorie verwechseln darf, die man auf Kausalprozesse anwenden kann, welche sich unter Naturgesetze subsumieren lassen. Die Liebe des *amor fati* soll keine Unterwerfung unter eine erkenn- und

soll man die Rede von den »Ewigkeiten« verstehen, die nötig waren, »um dies *eine* Geschehen zu bedingen«? Bilden Dasein und ewige Wiederkehr ein geschlossenes Ganzes?

Augenblick und Dasein

Wenn man den Augenblick nicht bejahen kann, ohne mehr zu wollen als den unmittelbar bejahten Augenblick (man sagt jedes Mal zu »allem Dasein« ja, welches das Geschehen des Augenblicks bedingt hat, man bejaht jedes Mal die Wiederkehr des »einzigen Augenblicks« und folglich die von »allem Dasein«), so koinzidieren Augenblick und Dasein im ganzen dennoch nicht. Das Dasein bildet kein geschlossenes Ganzes, das Zusammenschließen von Augenblick und Dasein gelingt nie vollständig, der Augenblick ist mehr oder weniger (als) »alles Dasein«, »alles Dasein« ist mehr oder weniger (als) der Augenblick, das Mehr-Wollen ist irreduktibel, da das Ja-Sagen selbst, von dem Erlösung und Rechtfertigung der Ewigkeit im Augenblick abhängen, die Kontingenz nicht abstreifen kann. Die Notwendigkeit der Kontingenz, welche die Bejahung einbegreift und ihr Notwendigkeit verleiht, bleibt stets *auch* eine nachträgliche, kontingente, so daß Kontingenz und Notwendigkeit zwar in keinem Gegensatz stehen, aber ebensowenig sich vollkommen decken.

Trifft allerdings zu, daß das Mehr-Wollen irreduktibel ist, erweist sich Nietzsches Denken als ein Denken der (vor)ursprünglichen Ver-Änderung. In der Bejahung des Augenblicks und des Daseins, in dem »unbedingten Vertrauen« dieser Beja-

---

verstehbare Notwendigkeit sein. Während Jaspers einerseits darauf hinweist, daß der *Gedanke* der ewigen Wiederkehr selber die stärkste und wirksamste Kraft in dem Geschehen ist, das er denkt, scheint er andererseits im *amor fati* ein bloßes Komplement zu erblicken, das die darin anerkannte Notwendigkeit ergänzt. Daß sich diese paradoxe Gleichzeitigkeit vielleicht aus der Teilung des Ja ergibt, aus dem Umstand, daß die ewige Wiederkehr es einbegreift, *weil* es sie ermöglicht und weil sie es wiederum ermöglicht, wird in Jaspers Darstellung nicht entfaltet.

hung, vermag man also jenes auszumachen, was »in allen Sprachen und Stummheiten« den Namen der Liebe erhalten kann.

»Fernsten-Liebe«

Ist die Freundschaft (wie die Liebe) nicht allein die gefährliche Erfahrung eines Mißverständnisses, durch das die (All)Gemeinheit (der Sprache) ins Wanken gerät, ist sie auch »eine Art Fortsetzung der Liebe« (*N*, II 48), eine Fortsetzung ohne Fortgesetztes, weil die Liebe als (vor)usprüngliche Ver-Änderung, als unbedingtes Vertrauen, als Ja-Sagen zum Augenblick und zu allem Dasein, als kontingent-notwendige Notwendigkeit des Kontingenten, als Bejahung der Genealogie, lediglich in ihren »Fortsetzungen«, in der Andersheit besteht, die weder *ihr* Anderssein noch eine beziehungslose, abgelöste, das Anderssein zerstörende Andersheit ist?[1] Kann man in der Freundschaft eine ursprüngliche Stummheit und Entfernung der Liebe erblicken (die Freunde sagen niemals: »Ich liebe Dich«)? Ist es möglich, Wittgensteins allen landläufigen Vorstellungen und Meinungen zuwiderlaufende Bemerkung, Liebe sei *kein* Gefühl und werde im Gegensatz zu Schmerzen »erprobt«[2], aus der Perspektive zu

1 Der Artikel »Liebe«, den das *Historische Wörterbuch der Philosophie* enthält, weist in einem Abschnitt über Nietzsche auf den Zusammenhang zwischen Liebe und Freundschaft hin. Dabei wird allerdings eine (von Nietzsche selber nirgends ausdrücklich vertretene) »Stufen-Lehre« der Liebe behauptet: »Nietzsche unterscheidet drei Stufen der Liebe. Am untersten Ende der Skala steht die in der Hingabe sich realisierende Liebe, die er vor allem den Frauen zuspricht. Dann folgt die aktiv schöpferische Liebe, die ihr Objekt im Hinblick auf ihr Ideal umschafft, hinaufschafft, worin für ihn der Inbegriff des Männlichen besteht. Deshalb steht höher als die Nächsten-Liebe die Liebe zum Fernsten. Dort, wo diese höhere, transzendierende Form der Liebe zwei Menschen verbindet, überschreiten sie ihre Liebe zur Freundschaft. Diese besteht in einem beiderseitigen Selbstsein, das im Freunde auch den Gegner und Feind sieht, das im Blick auf das mögliche Maß der Freundschaft auch die große Verachtung einschließt. ›Alle große Liebe *will* nicht Liebe: – die will mehr‹.« (*Historisches Wörterbuch der Philosophie*, herausgegeben von Joachim Ritter und Karlfried Gründer, Band 5, Darmstadt 1980, S. 319)

2 Ludwig Wittgenstein, *Zettel*, zweisprachige Ausgabe (deutsch-englisch), ed.

verstehen, die von dem Gedanken einer (vor)ursprünglichen Ver-Änderung eröffnet wird und die Raum schafft für eine Deutung der Behauptung, Freundschaft sei »eine Art Fortsetzung« und ein Name der Liebe?

Das »Mehr« des Wollens kann man auf eine doppelte Weise verstehen, als ein Wollen von Anderem und als ein Wollen von Höherem. Die Rede Zarathustras, die von der Nächstenliebe handelt, erwähnt den Freund. Zarathustra lehrt nicht »den Nächsten«, sondern »den Freund« (*N*, II 325), den Fernsten und Künftigen, der in gewisser Weise, das heißt: als ein vom nächsten Mitmenschen entfernter eher eine »Sache« und ein »Gespenst« ist: »Höher als die Liebe zum Nächsten ist die Liebe zum Fernsten und Künftigen; höher noch als die Liebe zu Menschen ist die Liebe zu Sachen und Gespenstern.« (ebd., 324) Zweifellos könnte man hier an historisch frühere und spätere Darstellungen des Fetischismus anknüpfen, die ihn im Sinne einer Logik des Ersatzes oder im Sinne der durch die Tauschabstraktion bestimmten Warenstruktur begreifen. Vielleicht lohnt es sich aber, zunächst darauf hinzuweisen, daß im unmittelbaren Kontext der Rede der Freund als das »Fernste und Künftige« die Züge einer gespenstigen Anwesenheit, ja einer eigentümlichen Un- oder Übermenschlichkeit trägt. Der Freund ist »ein Vorgefühl des Übermenschen«, sagt Zarathustra, *in ihm* soll man den Übermenschen lieben. Die Bewegung, welche seine Lehre vom Freund duchzieht und von der seine Lehre getragen wird, ist eine doppelte: die eines schaffenden Vor-wurfes und die einer Verursachung aus der Ferne. Der Freund nämlich, den man nicht mit einem Nächsten, mit dem vorgängigen, heiliggesprochenen Du der Nächstenliebe verwechseln darf, mit dem Zeugen, der uns das gewünschte Spiegelbild entgegenhält,[1] ist sowohl der geschaffene

by G. E. M. Anscombe and G. H. von Wright, University of California Press, Berkeley und Los Angeles 1970, S. 89 (Nr. 504)

1 Die Nähe der Nächstenliebe, von der es beim jungen Hegel heißt, sie meine nicht, man solle den Nächsten so sehr lieben wie sich selbst (»sich selbst lieben ist ein Wort ohne Sinn«), sondern vielmehr, man solle ihn lieben als einen, »der du ist« (Hegel, *Frühe Schriften*, in: ders., Theorie-Werkausgabe, Band 1, a. a.

als auch der schaffende: vor-geworfen, pro-jiziert in die Ferne des Künftigen und in, ja aus dieser Ferne die Gegenwart des Heute verursachend. Bejahung des Gespenstes, Liebe zum Gespenst als Schaffen des Freundes: »Dies Gespenst, das vor dir herläuft, mein Bruder, ist schöner als du; warum gibst du ihm nicht dein Fleisch und deine Knochen? Aber du fürchtest dich und läufst zu deinem Nächsten [...] Ich wollte, ihr hieltet es nicht aus mit allerlei Nächsten und deren Nachbarn; so müßtet ihr aus euch selber euren Freund und sein überwallendes Herz schaffen.« (*N*, II 324) Das Schaffen des Freundes, die »Fernsten-Liebe«, das Lieben des vor(her)laufenden, nahen und zugleich in einer gewissen Ferne sich haltenden Gespenstes, das zwar (noch) keine Knochen und kein Fleisch hat, aber (bereits) »schöner« sein soll (erste Hinweise darauf, daß das Schaffen keine absolute Erfindung ist, keine *creatio ex nihilo*, und daß der geschaffene Freund den Schaffenden nicht einfach verdoppelt und spiegelt), schafft etwas, das mit dem Schaffenden, mit dem, der »aus sich selber« schafft, nicht (in der Differenz oder durch die Differenz) zusammenfällt. Die Differenz ist und bleibt dem Schaffen einbeschrieben: kein Schaffen ohne sie. Wie sollte sonst der Freund sich vom Nächsten unterscheiden, vom zugerichteten Du, vom überzeugten Zeugen, von dem Produkt nicht des Schaffens, sondern der Manipulation?[1]

Dieses Schaffen des Freundes, diese »Fernsten-Liebe« ist demnach eine (vor)ursprüngliche Ver-Änderung, eine Ver-Änderung, die kein schaffendes Ich mehr voraussetzt. Wenn man »aus sich

---

O., S. 363), beruht also, folgt man der Lehre Zarathustras, auf einer *verdeckten* Asymmetrie: dient doch die Heiligsprechung des »älteren« Du der Behauptung des im zugerichteten Du (im überzeugten Zeugen) sich spiegelnden und bestätigenden Ichs. In beiden Deutungen der Nächstenliebe (bei Hegel und bei Nietzsche) bedarf das Ich zunächst des Du; freilich führt im einen Fall dieses Bedürfnis zu einem »Gefühl des gleichen, nicht mächtigeren, nicht schwächeren Lebens« (Hegel), im anderen zur Ergänzung und Verbergung der »schlechten Liebe« zu sich selber (Nietzsche).

1 Wiederum ist dieser Unterschied kein bloß formaler: »Die Ferneren sind es, welche eure Liebe zum Nächsten bezahlen; und schon wenn ihr zu fünfen miteinander seid, muß immer ein sechster sterben.«

selber« das Andere schafft (ist Schaffen etwas anderes?), lassen sich weder das Ich noch das Du, weder das Eine noch das Andere strikt auseinanderhalten, voneinander abheben oder gar entgegensetzen. Weil aber der Liebende und Schaffende »aus sich selber« Anderes schafft (nicht das Nächste, nicht den Mitmenschen und das Du der Nächstenliebe, sondern Über-Menschliches, nahe und fern zugleich), weil die Liebe und das Schaffen eine (vor)ursprüngliche Ver-Änderung sind (ein Mehr-Wollen?), ist der Freund »selber« ein schaffender, einer, der ein »überwallendes« und »übervolles« Herz hat. Indem er verschenkt, schafft er »sich« einen Freund. Man muß es verstehen, »ein Schwamm zu sein«, man muß ein Geschenk an- und aufnehmen können, man muß »sich« vom (über-menschlichen) Anderen, vom »schaffenden Freund«, lieben und schaffen lassen, um so zum Freund erst zu werden: »Die Zukunft und das Fernste sei dir die Ursache deines Heute: in deinem Freunde sollst du den Übermenschen als deine Ursache lieben.« (*N*, II 325)

Hebt sich indes das doppelte Schaffen nicht auf, vereinigen sich die Schaffenden am Ende nicht in der Einheit der einen Freundschaft, spiegeln sie sich nicht darin gegenseitig in absoluter Reflexion? Wohl nicht. Ebensowenig wie die (vor)ursprüngliche Ver-Änderung von dem Gegensatz oder der klaren Distinktion zwischen Ich und Du, Eines und Anderes, Subjekt und Objekt bestimmt wird, stellt sich durch sie eine Einheit her. Zu ihrer »Logik«, zu ihrer »Struktur«, zu ihrem »Wesen«, zu ihrer Bewegung gehört, daß die Alterität, die ihr Maß nicht mehr an der Identität hat, bestimmend bleibt. Das (vor)ursprüngliche Ver-Ändern ist ein unaufhebbares Entfernen.

Könnte man den berühmten Aphorismus über die »Sternen-Freundschaft« im Lichte dieser Entfernung der (vor)ursprünglichen Ver-Änderung lesen? Anders gefragt: ist es diese Entfernung (im »aktiven« Wortsinn), die in sich die Möglichkeit des Fremdwerdens enthält? »Wir waren Freunde und sind uns fremd geworden. Aber das ist recht so, und wir wollen's uns nicht verhehlen und verdunkeln, als ob wir uns dessen zu schämen hätten. Wir sind zwei Schiffe, deren jedes sein Ziel und seine Bahn hat; wir können uns wohl kreuzen und ein Fest miteinander feiern, wie wir es getan haben, – und dann lagen die braven Schiffe so ruhig in *einem* Hafen und in *einer* Sonne, daß es scheinen mochte, sie seien schon am Ziele und hätten *ein* Ziel gehabt. Aber dann trieb uns die allmächtige Gewalt unserer Aufgabe wieder auseinander, in verschiedene Meere und Sonnenstriche, und vielleicht sehen wir uns nie wieder – vielleicht auch sehen wir uns wohl, aber erkennen uns nicht wieder: die verschiedenen Meere und Sonnen haben uns verändert! Daß wir uns fremd werden müssen, ist das Gesetz *über* uns: eben dadurch sollen wir uns auch ehrwürdiger werden! Ebendadurch soll der Gedanke an unsere ehemalige Freundschaft heiliger werden. Es gibt wahrscheinlich eine ungeheuere unsichtbare Kurve und Sternenbahn, in der unsere so verschiedenen Straßen und Ziele als kleine Wegstrecken *einbegriffen* sein mögen – erheben wir uns zu diesem Gedanken! Aber unser Leben ist zu kurz und unsere Sehkraft zu gering, als daß wir mehr als Freunde im Sinne jener erhabenen Möglichkeit sein könnten. – Und so wollen wir an unsere Sternen-Freundschaft *glauben*, selbst wenn wir einander Erden-Feinde sein müßten.« (*N*, II 163-164)

Amor fati

Die Bejahung des Fernsten und des Freundes, die Liebe und das unbedingte Vertrauen zum Künftigen und zum Über-Menschen bewirken, daß dieser, daß der Freund zur Ursache des Nächsten und Gegenwärtigen – des Heute wird. Nur indem wir den Freund bejahen, werden wir »selber« bejaht und zu Freunden, ohne daß dieses *Ja, Ja* der Freundschaft die Entfernung annuliert, die Entfernung zwischen dem Fernsten und dem Nächsten, zwischen dem Künftigen und dem Heutigen, zwischen dem, was als Bejahtes nicht mehr bloß künftig und nicht mehr bloß gegenwärtig ist.

Was aber verschenkt der schaffende Freund, dessen Freundschaft durch dieses Schenken definiert zu werden scheint? Er verschenkt »immer eine fertige Welt«, die nie eine (vor)herrschende Gestalt, die Gestalt des Festgemachten und Arretierten hat: »Und wie ihm die Welt auseinanderrollte, so rollt sie ihm wieder in Ringen zusammen, als das Werden des Guten durch das Böse, als das Werden der Zwecke aus dem Zufalle.«[1] Das Ja-Sagen zum Freund, durch das er geschaffen und durch das er schaffend ist, durch das wir uns in ja-sagende Freunde und in den Schwamm verwandeln, der eine Welt (das Ja des Freundes) in sich aufnimmt oder aufsaugt – dieses Ja-Sagen ist ein Ja-Sagen zur Genealogie, zur ewigen Wiederkehr, zur ewig wiederkehrenden Freundschaft, zur (vor)ursprünglichen Ver-Änderung, zum Ja, das in seiner irreduktiblen Entfernung (Bejahendes und Bejahtes, bejahtes Bejahendes und bejahendes Bejahtes werden nicht eins), in seiner wesentlichen Vervielfältigung (es gibt mindestens zwei Bejahungen), in seiner konstitutiven Nachträglichkeit (das bejahend Schaffende wird zum Schaffenden durch die Bejahung dessen, was weder rein erschaffen noch bloß geschaffen ist und was selber schafft), in seiner bestimmenden Unbestimmtheit (wer sagt: ja?) die Freundschaft und die ewige Wiederkehr stiftet.

Ist es nicht ein solches kaum wiedererkennbares Ja, ist es nicht eine solche Zeitigung der kontingent-notwendigen Notwendigkeit des Kontingenten, die Nietzsche *amor fati* nennt und die er bejaht, ja liebt? Vielleicht haben alle, die Nietzsche mit einem Fatalisten identifizieren und dann zum Beispiel (in kritischer oder apologetischer Absicht) eine reaktionäre Ideologie aus dem *amor fati* ableiten, diesen Ausdruck mißverstanden. Sie haben Liebe und Fatalismus konfundiert, sie haben es versäumt, *fatum* von *amor* aus zu verstehen – eigentliche Probe der »Liebschaft« und der »Freundschaft«. »*Amor fati*: das sei *von nun an* meine Liebe! [...] Und, alles in allem und großen: ich will irgendwann einmal nur noch ein Jasagender sein!« (*N*, II 161 – meine Hervorhebung, A. G. D.)

1 Darf man jenen einen Freund nennen, der eine (als Welt niemals festgestellte) Welt verschenkt und also das Schenken und das Bejahen selbst?

Wer ich bin

Gegenüber der Verallgemeinerung der Auffassung, Nietzsches Denken habe die unendliche Interpretation behauptet (diese Auffassung findet sich etwa in einem kurzen Vortrag, den Foucault über »Marx, Nietzsche, Freud« gehalten hat); gegenüber der allgemeinen Verkündung, nach Nietzsche gebe es nur noch die Interpretation einer Interpretation als Bemächtigung einer Bemächtigung, muß man vielleicht daran erinnern, daß Nietzsche auch verstanden werden möchte. Das Vorwort zu *Ecce homo* beginnt mit dem kursiv gedruckten Ausruf: »*Hört mich! denn ich bin der und der. Verwechselt mich vor allem nicht!*« (*N*, II 1065) Und es endet mit den Worten: »Hat man mich verstanden? – *Dionysos gegen den Gekreuzigten...*« (ebd.; 1159) So sehr sich dieser Wille verstanden zu werden und sich zu verständigen der Eindeutigkeit eines interpretierenden Verstehens oder einer verstehenden Interpretation widersetzt (schon deshalb, weil Nietzsche betont, gegen ihn revoltiere der »Stolz« seiner »Instinkte«), so wenig wird man damit gewonnen haben, ihn einfach als List oder Illusion durchschauen zu wollen. Vielleicht bewegt man sich weder im Bereich reiner Bemächtigung noch in dem reinen Verstehens und reiner Verständigung, vielleicht bewegt man sich immer zwischen Verstehen und Bemächtigung (eine »angemessene« Bemächtigung gibt es nicht), ohne daß man je einen der beiden Begriffe auf den anderen reduzieren kann: unmögliches Zwischen, das keinen um- und begrenzbaren Zwischenraum bildet.

Das Gehört-Werden- und Zu-Gehör-Kommen-Wollen bezeichnet Nietzsche sogar als »Pflicht«. Diese »Pflicht« mißt sich zwangsläufig an der »Größe« der Aufgabe, die er sich mit *Ecce homo* stellt. Warum aber steht Nietzsche vor der großen Aufgabe, zu sagen, *wer er ist*, warum hat er eine Pflicht, sich das richtige Gehör zu verschaffen? Es verhält sich keineswegs so, daß Nietzsche bereits weiß, wer er ist: weil er bislang nicht verstanden worden ist, weil man ihn bislang verwechselt hat, braucht er »nur irgendeinen ›Gebildeten‹ zu sprechen, der im Sommer ins Ober-Engadin kommt«, um sich davon zu überzeugen, daß er nicht lebt. So fragt er sich, ob es nicht »bloß ein Vorurteil« sei, daß er lebt, daß er »der und der« ist. Um zu wissen, wer man ist, bedarf es folglich des anderen, der zuhören und verstehen möchte. Die Andersheit ist für das *Wer* konstitutiv. Sagen, wer ich bin: vielleicht würde dieses Sagen als ein durch den anderen erst ermöglichtes, das heißt: als eines, das sich nicht auf einen schon vorhandenen und erkannten Referenten bezieht, sondern erst durch jene Öffnung zu einem solchen wird, die es dem nicht objektivierbaren Zwischenraum der Bemächtigung und des Verstehens aussetzt; vielleicht würde ein solches Sagen uns von dem Leiden (an) der schlechten Unendlichkeit befreien, in die uns der Wille zur Identität einsperrt. Verzweifelte Suche nach einer Identität, verstockte Behauptung dessen, woran man um jeden Preis festhalten möchte: die eigene Identität, die man endlich gefunden zu haben glaubt, die uns von anderen unterscheiden und die zugleich unsere Zugehörigkeit zu anderen sichern soll.

Weder sage einfach ich, wer ich bin, noch sagt es der andere. Allein dieses Sagen aber, das nicht das Sagen eines Subjekts oder das Sagen als Subjekt ist, das Sagen als Aufhebung des Gegensatzes (die Andersheit steht keineswegs im Dienst des Wiedererkennens und Sich-selbst-Wissens), schenkt mir die Freiheit, mich nicht mehr an eine Identität klammern und meine Zugehörigkeit oder meine Differenz behaupten zu müssen. Ist die In-differenz, zu der das für Nietzsche unerläßliche Sagen führen mag, mit dem Gedanken einer (vor)ursprünglichen Ver-Änderung als *amor fati* (als dionysische Bejahung) vereinbar? Liegt diese In-differenz nicht auch im Schaffen und Geschaffen-Werden, das nie eine Identität festmacht? Ist sie nicht die Zuflucht der Liebe?